Andrea Weise

Verspannung, Schmerz, Krise
und dein inneres Kind

Andrea Weise

Verspannung, Schmerz, Krise

und dein inneres Kind

Bibliografische Information der Deutschen Nationalbibliothek: Die Deutsche Nationalbibliothek verzeichnet diese Publikation in der Deutschen Nationalbibliografie; detaillierte bibliografische Daten sind im Internet über dnb.dnb.de abrufbar.

Herstellung und Verlag: BoD - Books on Demand, Norderstedt

ISBN: 978-3-7543-2562-9

Vorwort und wichtige, nette Hinweise

Ich hoffe, es ist richtig, dich in dem Buch mit „du" anzusprechen. Dieses Buch ist für dich, ich habe es für dich geschrieben.

Ich bin bestimmt nicht klüger als du, aber ich hatte viel Zeit zum Nachdenken während Erkrankung. Ich bin kein Arzt oder Therapeut.
Wenn du dich krank fühlst oder es dir seelisch schlecht geht, bist du selbst verantwortlich, einen Arzt oder Therapeuten aufzusuchen.
Du selbst bist verantwortlich für dein körperliches, geistiges und seelisches Wohlbefinden.

Ich gebe hier in diesem Buch meine Erfahrungen nach bestem Wissen und Gewissen weiter, die ich auch nach Erkrankung gesammelt habe.
Mir liegen die Menschen am Herzen und ich möchte anderen helfen, das Leben lebenswert(er) zu machen.

Generell gilt: Gegen etwas mehr Lebensfreude im Alltag ist doch nichts einzuwenden?!

Mein Motto nun, nach all den Erfahrungen: Es gibt (fast) immer mindestens zwei Seiten und auch einen zweiten Weg aus der Misere, doch manchmal sieht man (noch) nicht einmal den ersten Weg der Lösung. Hinterher ist man immer schlauer…

Verspannung, Schmerz, Krise
und dein inneres Kind

Ich habe in meinem Leben selbst schon viel Schmerz erlebt. Körperlich und auch psychischen Schmerz, beides tut nicht gut und manchmal sogar sehr weh. Das wirst du sicher auch kennen. Auch Verspannungen, ob im Nacken oder als Spannungskopfschmerz, Rückenschmerz, sind uns allen leider bekannt. Krisen, ja auch Krisen gibt es viele im Leben, ob privat oder beruflich oder gesundheitlich. Während einer solchen Krise gilt es oft, nach einem Motto, wie „Zähne zusammenbeißen", „Augen zu und durch" äußerste Kraftanstrengung auszuüben. Da ist es nicht weit zu Verspannungen, denn die Kiefermuskulatur wird zu sehr beansprucht, wenn wir im wahrsten Sinne die Zähne zusammenbeißen, nur um etwas zu bewältigen, wie Trauer, Sorgen, Nöte, Stress, Ärger. Freude hingegen wird uns entspannen. Nur bringt auch der Alltag selbst die eine oder andere Herausforderung mit sich, das kennst du sicherlich gut. Du musst funktionieren, ob du willst oder nicht.

Klar, ich habe auch gesagt, dass ich Pflichten in Familie, mit den pflegebedürftigen Eltern und auf Arbeit habe und es nicht anders geht. Bis dann gar nichts mehr ging, ich nur noch liegen konnte, und dann musste es auch ohne mich weitergehen und – es ging, die Welt drehte sich weiter. Auch jetzt muss ich meine Kraft gut einteilen und meine Grenzen kennenlernen und diese möglichst nicht überschreiten.

Deshalb ist dieses Buch hier für mich selbst wie eine Art Fibel des Lebens (wie in der 1. Klasse der Schule). Das Buch müsste ich täglich lesen, um zu trainieren und mir immer wieder klarzumachen, wie wichtig das ist, einen Ausgleich zu schaffen und auch meine Denkweise immer wieder zu überprüfen. So wie Muskeln trainiert werden, so muss auch die Denkweise und das Hineinspüren trainiert werden. Dieses Hineinspüren, was ich eigentlich will und kann, was realistisch ist.

Verspannung tritt im täglichen Alltag auf, während wir stundenlang einseitige Tätigkeiten verrichten, wie Sitzen im Büro, schweres Heben und Tragen von Lasten oder wenn wir grübeln in Endlosschleife.

Aus Verspannungen werden immer stärkere Schmerzen. Dein Körper zeigt es durch Schmerzen. Schmerz an sich ist ein perfektes Warnsystem des Körpers, um sich selbst zu schützen und der uns durch Schmerzen bewusst machen soll, dass es so nicht weiter gehen kann, sonst drohen ernste Schäden.
Die Dosis macht auch hier das Gift. Im Alltag ist es nicht leicht, einen Ausgleich für die Überbeanspruchung zu schaffen. Auch in Krisensituationen, wie Trennung, Scheidung, Trauer usw. kommt man aus diesem Modus nicht leicht heraus.

Wir ziehen den Hals ein, die Schultern hoch und mit enormer Kraftanstrengung versuchen wir, im Leben zu funktionieren.

Vorsichtige Dehnung, tiefe Atmung (Körper) und Umdenken (Geist), Hineinspüren (Seele) würden ab und zu Entlastung bringen, nur dafür haben wir keine Zeit, es scheint wichtigere Dinge im Moment zu geben, die erledigt und bewältigt werden müssen.

Hinzu kommt die altmodische Denkweise und Glaubensmuster (Geist), wie „Indianer kennen keinen Schmerz" und „hab dich nicht so, du Weichei". Wir wollen nicht zeigen, dass wir eigentlich müde und kaputt sind. Stärke zu zeigen ist doch modern.

Wenn man wirklich endlich zur Ruhe kommt, senken sich auch die Schultern und die Entkrampfung setzt ein, auch durch tiefe Atmung. Wir merken oft nicht, dass wir die ganze Zeit den Atem fast angehalten und sehr flach geatmet haben, gerade so, dass es zum Leben reicht.
Doch mit den Pflichten im Kopf gelingt das kaum. Auch nach einem Urlaub ist sehr schnell wieder alles wie vorher. Deshalb ist der Alltag so wichtig. Er muss für uns erträglich gestaltet werden, auch am Arbeitsplatz. Akute Stressphasen müssen nach Durchleben dieser auch ausgeglichen werden. Soweit die Theorie.

Warum merken wir erst, wenn wir zur Ruhe kommen, wie kaputt wir eigentlich sind? Ganz einfach: Stressphase ist Angst, es nicht schaffen zu können und in der Angst befindet sich der Körper in einem Alarmzustand und funktioniert automatisch. Hinzu kommt dann bei stärker werdendem Schmerz und Erkrankung noch die finanzielle Sorge, und die Abwärtsspirale der Angst steht somit bereit. Also ist es nicht mehr nur der Körper, sondern auch hier die Seele und auch der Geist, die zusammenspielen. Die Abwärtsspirale muss unbedingt durchbrochen werden, sonst bekommst du sehr ernsthafte Probleme!

Wir Menschen (aus Körper-Geist-Seele) haben schon einen genialen Selbstheilungsmechanismus und Selbsterhaltungswillen. Aber wir müssen uns auch genügend Ausgleich und Ruhe schaffen. Wir sind keine Maschinen und selbst die müssen gewartet und gepflegt werden. Wenn der Motor einer Maschine überhitzt ist, schaltet auch der sich ab. Wenn dein Körper lange Zeit überarbeitet ist, zeigt er es durch Verspannung und Schmerz oder Krankheiten. Krankheiten, da durch länger anhaltenden Stress die Selbstheilungsmechanismen des Menschen nicht mehr genug Kraft haben.

Physiotherapie mit Massagen und Sport helfen schon, aber es muss an der alltäglichen Lebensweise etwas verändert werden. Wenn ich auf der Massageliege bin und während oder kurz nach Massage wieder an Pflichten denke, versteift sich der Nacken sofort wieder. Je länger du in höherem Stresslevel bist, um so mehr Massagen bräuchtest du und es dauert viel länger, um in den Normalzustand zu gelangen. Dein Körper sieht dieses Stresslevel schon als normal an und dennoch zeigt er dir mit Schmerz, dass es höchste Zeit ist, etwas zu ändern. Bis zu einem gewissen Grad kompensiert der Körper das, er leistet so viel.

Unser Körper ist wirklich genial, unsere Verdauung ist, wie der ganze Mensch überhaupt, ein Wunder. Wir schlingen unser Essen hinunter, essen am Arbeitsplatz nebenbei und wundern uns, dass wir dann Magenkrämpfe bekommen.

Fragen sollten wir uns: Was kann ich von meinen Pflichten abgeben, um die akute Phase in meiner Krise oder meines Stresslevels zu minimieren, um nicht zu erkranken. Bin ich in Trauerzeit, muss ich mir die Zeit der Ruhe auch gönnen. Verlangsamung des Lebens ist da nötig.
Es dauert auch seine Zeit, denn, was über lange Jahre hinweg falsch gemacht wurde, kann nicht von heute auf morgen beseitigt werden. Speicherung erfolgt in Faszien und Muskeln, sogar Zellen sind wie eine Art Speicher-Chips.

Schmerz ist ein Alarmsystem und eigentlich perfekt. Er zeigt uns, dass wir mehr auf uns und unseren Körper achten sollen. Irgendetwas ist aus dem Ruder gelaufen. Vielleicht haben wir uns zu viel zugemutet, aber Schmerz ist auch häufig Ursache von

Verspannung des Körpers. Manchmal merken wir nicht, wo es herkommt, denn da ist die Seele (Psyche) im Spiel.

Erst in den letzten Jahren ist bekannt geworden, wie stark bei der Gesundheit und Gesundwerden die Rolle der Seele und des Geistes (Verstand) ist, also Körper-Geist-Seele insgesamt als Mensch zu sehen, auch durch die Menge der psychosomatischen Erkrankungen in unserer stressgeplagten Lebensweise. Wer keinen Stress hat, ist nicht modern.

Sehr wichtig ist also auch die Änderung der Denkweise (Geist). Deine Glaubensmuster, wie sehr du dich also anstrengen musst, um kein Versager zu sein, wer sagt dir das? Dein Verstand hat dies aufgenommen in der kindlichen- und jugendlichen Prägungsphase. Du willst noch heute der brave Junge oder das liebe Mädchen sein und dich anpassen an die Umgebung.

Es wurde dir vorgelebt von deinen Eltern und naher Umgebung. Du hast es nicht besser gewusst und hast dies förmlich in dich einpflanzen lassen. Die Eltern und anderen Leute um dich herum haben es auch nicht besser gewusst, das soll kein Vorwurf sein. Damals musstest du es glauben, dass nur dieser Weg richtig ist. Heute weißt du es besser, hast eigene Erfahrungen gemacht. Es gibt auch nicht **den** richtigen oder **den** falschen Weg. „Es gibt mehrere Wege, die nach Rom führen".

Angst, nicht gut genug zu sein, bedeutet, es fehlt an Selbstwert und führt zu Überanstrengung. Woher kommt diese Angst? Wer sagt, dass du nicht gut genug bist? Hat man dir dies als Kind gesagt? Sicher weißt du das nicht mehr, denn die Prägung ist in den ersten Jahren der Kindheit besonders stark. Aber diese Angst ist tief in uns verwurzelt. Aber wir wissen nicht, dass es diese Angst gibt, die uns antreibt, über das gute Maß hinaus zu agieren.

Da die Kindheit auch der Beginn unseres Daseins hier auf der Erde ist, beginne ich auch mit dem inneren Kind. Welche Bedeutung unser Innerstes für uns und die Verspannungen sowie den Schmerz und auch für die Bewältigung von Krisen hat, das ist mir nach und nach auch klar geworden. Und ich lerne immer noch, es ist scheinbar ein lebenslanges Lernen.

Beginnen wir also mit dem inneren Kind. Schlummert es noch in uns? Man kann dies zunächst nicht glauben. Ich gehe auf Spurensuche, komm gerne mit …

Inneres Kind

Inneres Kind: Kindheit, die uns heute (im Erwachsenenalter) jeden Tag, also im Alltag auch, noch beschäftigt.

Immer, sei es auf Arbeit, zu Hause mit der Familie oder allein und auch mit dem Partner!

Klingt dir diese Aussage zu provokant?

Dann beobachte einmal im Alltag Situationen um dich herum. Du wirst es sicher auch feststellen: Wir streiten und sind bockig am Arbeitsplatz oder im Supermarkt wie kleine Kinder, können uns freuen „wie ein kleines Kind" und sind traurig mit tiefstem Weltenschmerz, ebenfalls wie ein kleines Kind.

Ich bin der Meinung, dass wir Erwachsenen alle im Inneren auch noch kleine Kinder sind. Es kann auch rein physiologisch gar nicht anders sein, denn wir alle tragen unsere Kinderzeit in uns.

Wir haben (vermeintlich) gute und schlechte Erfahrungen gemacht und fast alle, wenn nicht gar jeder Mensch, hat ein Trauma, mit unterschiedlicher Schwere, erlebt. Diese Prägungen aus unserer ersten Lebensphase begleiten uns nach wie vor, sind in uns „eingepflanzt" und haben starke Wurzeln gebildet.

Denn, nachdem du geboren wurdest, war es doch so:

Du bist geboren, wie schön, willkommen auf der Welt!

Mit deiner Geburt bekommst du bereits ein Geschenk, dir wird dein Leben geschenkt. Manche sprechen zwar vom Geburtstrauma und es gibt auch schon vorgeburtliches Trauma. Diese können bei Ablehnung, Stress oder Ängsten der schwangeren Mutter auftreten und wir nehmen diese in uns auf, speichern sie ab und es bedeutet für den kindlichen Organismus Stress. Aber all das geschieht natürlich nicht bewusst. Und auch eine werdende Mutter, die durch ihr tägliches Umfeld geprägt wird, kann sich vielen Dingen gar nicht entziehen. Es gehört einfach zum Leben dazu.
Ja, Leben ist gefährlich – von Anfang an, sehen wir es ein.

Aber sehen wir deine Geburt nun als Geschenk, und zwar für deine Eltern und deine näheren Verwandten, Bekannten und Freunde. Ein süßes (nicht schreiendes) Baby entzückt fast jeden Menschen und bringt ein Lächeln in fast jedes Gesicht.

Sobald man als Kind geboren wird, das Licht der Welt erblickt, möchte man nur gemütlich in Frieden ungestört schlafen, satt essen (am Anfang trinken), also essen, schlafen, kuscheln, „kackern". Ich würde mal sagen, das sind die Grundbedürfnisse eines Menschen überhaupt. Generell.
Etwas später möchte ein Kind in Ruhe spielen, auch mit netten anderen Kindern.

Und noch etwas später ... ändert sich daran auch nicht viel. Denn wollen wir als Erwachsene nicht dasselbe? Ein Dach über dem Kopf, satt zu essen, gemocht und geliebt werden, ka... - naja.

Ich behaupte noch einmal wiederholend, dass wir auch als Erwachsene alle im Inneren noch kleine Kinder sind. Sieh dich doch einmal genauer im Alltag um, wir verhalten uns in der Angst wie kleine Kinder, wir streiten noch immer wie kleine Kinder oder wir freuen uns wortwörtlich „wie ein kleines Kind". Wir sind zwar gewachsen (aus der kindlichen Größe erwachsen), aber innerlich hat sich vom Wesen her nicht viel geändert. Erlebnisse und Erfahrungen haben uns sehr geprägt und sind tief in unserem Innersten verwurzelt.

Sicher durch die Prägung der Familie und im Umfeld, in dem ich aufwachse, später dann durch Lehrer, Erzieher, Pfleger, dem Freundes- und Bekanntenkreis, Verwandte – werde ich „geformt".

Aber zurück zum Kind. Als kleines Kind ist es mir zunächst einmal egal, ob ich in ein reiches Königshaus hinein geboren werde oder in eine arme Familie, ob ich eine krumme Nase habe und große Ohren. Es gibt hierfür, wie gut, keine Normvorschrift. Wer hat zu sagen, was die richtige Größe der Ohren ist?
Damit sind wir nun auch bei dem, was richtig oder falsch ist im Leben.

Also bist du nun als kleines Kind hier auf der Welt und möchtest zunächst gemocht werden, ohne eine Gegenleistung erbringen zu müssen. Du bist als Kleinkind hilflos und von anderen abhängig, um zu überleben. Spätestens in deiner Kleinkind-Trotzphase wird dieser Satz „schön, dass du da bist" nicht immer stimmig für Eltern und Erzieher und das Umfeld sein. Dann ist man eine Herausforderung. Deine anderen Fähigkeiten außerhalb des Bockigseins werden dann nicht immer gelobt, weil du ja nicht so lieb warst und die Eltern und Erzieher noch mit den Nachwirkungen der Trotzattacke zu tun haben. Klar, man soll die Kinder von Herzen stärken, wie z. B. mit „es ist schön, dass du da bist". So schafft man ihnen ein gutes Gefühl, eine Daseinsberechtigung. Mit Worten wie „Du bist gut so, wie du bist, aber nicht der Mittelpunkt der Welt.", kann man ein gesundes, realistisches Selbstbewusstsein und Selbstwert beim Kind aufbauen. Aber das ist auch nicht immer leicht, wie eben beschrieben. Eltern sind auch nur Menschen und sie bekommen Stimmungen und Worte von ihren Eltern, diese von ihren Eltern und so weiter. Zwar ändern sich die Zeiten, aber viele Gewohnheiten und Sprüche aus der Vergangenheit bleiben. Noch schlimmer ist es allerdings, wenn du von klein auf als „Hosenscheißer" bezeichnet wirst, „der eh nichts wert ist" oder noch schlimmer, bei Missbrauch. Das sind die krassen Fälle, auf die ich hier aber nicht weiter eingehen möchte.

Ich beziehe mich hier auf die ganz „normalen" Tücken der Kindheit, in denen man je nach charakterlichen Voraussetzungen

Demütigungen und Verletzungen entweder verarbeitet, vermeidet, ignoriert und bis ins Erwachsenenalter dennoch mit sich herumschleppt. Wir wissen oft nichts davon, aber wir fühlen uns irgendwie schlecht und unwohl in unserer Haut.

Ein Kind hat feine Antennen und spürt selbst die Stimmung um sich, dazu braucht es nicht einmal Worte, wie durch Beschimpfung, Kritik usw. Wenn es sich nicht geliebt fühlt (auch noch im Bauch der Mutter), bezieht es auch noch die Schuld auf sich. Dies wiederum führt zu Schuldgefühlen, von denen manche im Erwachsenenalter auch noch nicht einmal merken, dass sie diese haben.

Diese Schuldgefühle verhindern heute im Erwachsenenalter immer noch, dass wir einen ausgeglichenen Alltag erleben und unseren Selbstwert (endlich) aufbauen können.

Ich verwende die Beschreibung „gesunder" Selbstwert und denke dabei, gesunder Selbstwert kommt vom Herzen und ist absolut positiv, solange ich anderen mit meinem Verhalten und Handeln nicht schade. Überzogene Selbsterhöhung dagegen stammt vom Ego, meist als Ergebnis von nicht verarbeiteter Demütigung und Verletzung.

Kann ich schon als Kind selbst zu mir sagen, „ich bin gut so, wie ich bin, ich schade niemandem mit meinem Verhalten, ich bin nicht allein, lass die anderen reden" (gesundes Selbstwertgefühl, gesundes Selbstbewusstsein), dann wäre das die beste Lösung für mich als Kind und später als Erwachsener.

Die zweitbeste Lösung ist, dass ich wenigstens jetzt einen guten Menschen und Freund um mich habe, dem ich absolut vertrauen und mit dem ich Kummer und Sorgen besprechen kann.

Wichtig finde ich aber, dass man generell den Menschen mit seinen Unterschieden anerkennt, da die Wurzeln dieser Unterschiede bereits vor der Geburt und in der Kindheit gebildet wurden, und je nach Erlebnissen und Erfahrungen positive oder negative Verstärkung erhalten.

Durch Demütigungen, Verletzungen und Mobbing bekomme ich schon als Kind Narben und Sachverhalte, die ich bewältigen muss. Je nach charakterlichen, teilweise erblichen, inneren Voraussetzungen gelingt dies besser oder schlechter.

Im fehlenden Selbstwert liegt der Schlüssel für viele Probleme im Erwachsenendasein, wie beispielsweise die gefühlte Einsamkeit! Aber, wie soll ich als kleines Kind gesunden Selbstwert aufbauen, wenn mir mein Umfeld zeigt oder es mich auch nur spüren lässt, dass ich nicht willkommen bin, nicht in dieser Familie, nicht in der Klasse etc?

Wie zu Beginn erwähnt, sind wir bei der Geburt anwesend, aber nicht bewusst. Wir wissen nicht, dass wir wir sind und kennen keine Grenzen. Wir verlassen uns auf unsere Umgebung und haben keine Wahl. Was uns gesagt wird oder wie mit uns umgegangen wird, halten wir zunächst für richtig. Unser Selbst-Bewusst-Sein kommt nach und nach. Ich habe es mit Absicht mit Strichen versehen, denn dadurch wird deutlicher hervorgehoben, was es eigentlich damit auf sich hat. Was bin ich, wer bin ich, was kann ich und was nicht, wo sind meine Grenzen im Inneren und Äußeren?

Eine 60jährige Frau sagte einmal „so bin ich eben erzogen worden" und das machte mich schon stutzig! „Das war schon immer so und wird auch weiter so gemacht, muss weiter so bleiben" usw. sind ähnliche Sprüche. Ich meine, das, was vor 50 bis 80 Jahren richtig war, kann heute schon gern mal überprüft werden, denkst du nicht auch? Heute weiß man auch, dass Gehirnstrukturen, also das Denken, bis ins hohe Alter änderbar ist (außer bei bestimmten Erkrankungen).

Du siehst, wie stark und wie enorm die Prägung im Kindesalter ist. Man hat ja als Kind keine anderen Möglichkeiten, als sich zu fügen.

Aber jetzt bist du erwachsen und kannst und solltest langsam beginnen, diese negativen Redensarten zu prüfen und zu überschreiben wie eine Festplatte des Computers. Machst du das, was du täglich tust, mit Freude? Erledigst du deine Tätigkeiten nur, weil deine Eltern und deine Umgebung es von dir erwarten? Verbringst du deine Freizeit nur dort, wo es derzeit modern und „angesagt" ist und du willst nicht als Außenseiter gelten, wenn du da nicht mitmachst?

Manche werden krank oder erleben ein Schicksal und dies öffnet ihnen die Augen, meist weil sie dadurch zur Ruhe kommen, sprich ausgebremst werden. Aber dazu muss es nicht erst kommen. Du selbst kannst überlegen, du hast die Wahl.

Aber dazu braucht man etwas Ruhe. Diese Ruhe ist in unserem Leben oft nicht vorhanden, Stichwort Hamsterrad. Wir gönnen uns eine Pause oder eine Auszeit nicht. Wir dürfen sie uns angeblich nicht erlauben, da Stress zu haben „in" ist. „Was, du hast keinen Stress, du bist ja faul", hört man dann und denkt man dann selbst auch von sich, wenn sich die innere Stimme und der innere Kritiker meldet.

Jeder Mensch ist anders. Jeder hat seinen eigenen Rhythmus, seine eigene Geschwindigkeit.

Bei vielen Krankheiten, so auch bei Migräne, darf man darüber nachdenken, ob diese Erkrankung mir eine Änderung der Lebensweise aufzeigen will. So fragte ich mich, will die Migräne mir etwas sagen, soll ich mich schützen vor etwas, was mir eigentlich zu viel ist oder sollte ich etwas ändern in meinem

Leben. Doch oft kann man auf den ersten Blick wirklich nichts ändern im Alltagsleben. Pflichten in der Familie, im Beruf, mit pflege- und betreuungsbedürftigen Eltern, man hat keine Wahl. Man muss, ob man kann und will, man hat nur einen kleinen Änderungsspielraum.

Spätestens aber beim Zusammenbruch bist du gezwungen, zu überlegen, was du anders machen musst und dann geht es meistens auch, wie wundersam!

„Sie wollen ja nicht", geäußert von der Arztschwester mir gegenüber, war fast richtig, denn mein Körper wollte (so) nicht mehr, er kann keine Leistungen mehr erbringen, man will ja eigentlich, aber man kann nicht.

Gezeigt hat der Körper das durch Migräne, Erschöpfung, Rücken- und Knieprobleme (bei denen man echt nicht einmal mehr vorwärts gehen kann oder sich bewegen) und anderen Symptomen.

Körper und Geist und Seele sind zusammen ein Mensch. Man kann dies nicht trennen.

Auch viele Ärzte erkennen dies mittlerweile und denken nicht mehr nur das Schubladendenken: Knie tut weh - also Knie behandeln, Kopf tut weh - Schmerzmittel sollten helfen.

Es ist komplexer.

Aber nur einreden „ich bin gut" und „ich muss positiv denken", reicht nicht, denn da kommt der innere Kritiker sowieso sehr schnell und behauptet immer wieder das Gegenteil, weil du es so gewohnt bist (du wertest dich ab, ohne es zu merken, dies ist ganz stark im Unterbewusstsein verankert). Ist vielleicht meine Daseinsberechtigung in Schieflage geraten? Diese wird, wie oben schon beschrieben, bereits in der Kindheit aufgebaut und angelegt, ohne dass wir es wissen können.

Um es vorwegzunehmen: Es gibt keine perfekten Eltern, keine perfekten Lehrer und Betreuer und jede Kindheit hat ihre eigene Dramatik.

Gerade die besonders einschneidenden Erfahrungen haben Spuren in unserem Organismus hinterlassen. Wenn wir als kleines Kind auch nur ansatzweise gespürt haben, dass wir nicht willkommen sind, zum Beispiel, wenn sich die Eltern ihre Elternrolle anders vorgestellt haben, als der Alltag mit dem Baby dann tatsächlich ist, dann spüren wir „ehemaligen Kinder" und jetzige Erwachsene im Körper noch heute die Reaktion als Schutzmechanismus. Denn einen solchen Schutz schafft sich der kleine Organismus, einfach, um zu überleben. Er fühlt sich dann noch schuldig, seine Eltern nicht glücklich zu machen (ohne dass es einen Grund hierfür gäbe). Es klingt absurd, aber es ist so. Leider läuft dieser ganze Mechanismus auch noch sehr unbewusst ab, wie fatal!

Das Kind versucht dann immer wieder, sich nicht auffällig zu verhalten, will das liebe kleine Duckmäuschen und keine Belastung für seine Eltern sein. Diese Rolle (ehemals kindlicher Schutzmechanismus) wird im Erwachsenenalter meist auch noch gemimt oder versucht, perfekt zu überspielen. Das kostet aber sehr viel Kraft und Energie, die uns dann fehlt und wir werden irgendwann müde oder sogar krank.

Das war Stress für das Nervensystem des Kindes damals und für den heutigen Erwachsenen! Aber es zeigt uns schon, wie es sich selbst nach 20, 30 oder mehr Jahren anfühlt und wie es sich in unseren Zellen manifestiert hat, nicht nur im Gehirn, vor allem in unserem Nervensystem, in den Muskeln und Faszien und dies, obwohl sich der Körper nach mehreren Jahren regeneriert und eigentlich auch die Zellen erneuert hat. Es ist alles abgespeichert wie auf einer Festplatte des Computers. Und wir haben noch nicht einmal Kenntnis davon, wie sehr uns dies im Alltag heute beeinträchtigt.

Auch, wenn jemand stark verletzt oder gedemütigt wurde von Menschen, denen wir, beispielsweise in der Kindheit sehr vertrauen und als Kinder abhängig sind von diesen Menschen, haben wir als Erwachsene sowieso, immer, die Wahl, wie wir mit dieser alten Verletzung umgehen und was wir daraus machen. Nur muss uns erst einmal bewusst werden, dass diese alte

Verletzung für die heutigen zwischenmenschlichen oder/und gesundheitlichen Probleme verantwortlich sind.

Wir müssen also erst einmal mit uns selbst klarkommen. Wie wollen wir dann in Liebe, mit einem Seelenpartner und den kleinen und großen Dramen des Alltags bestehen?

Denn: Wir merken als Erwachsene heute nicht einmal, dass wir uns im Inneren abwerten und dass es uns nicht gut geht. Wir wissen nicht einmal, warum etwas „aus dem Ruder gelaufen ist oder das Fass überläuft".

Immer schneller, höher, weiter und größer wollen wir uns selbst optimieren und selbst finden, um noch bessere Ergebnisse, höhere und weitere Extreme zu erreichen.

Wir lenken uns ab mit ständigen diversen Reizüberflutungen und wundern uns dann, dass wir völlig überdreht sind und mit uns selbst und anderen nicht gut umgehen können und beharren dann noch auf unserer Meinung als die einzig richtige. Das kann nicht gut gehen. Aber (fast) alles hat zwei Seiten, zum Glück.

Wir müssen aufhören, so zu tun, als ob, also, nur um den Schein nach außen zu wahren, nicht unser wahres „Ich" zu zeigen. Und wir sollten aufhören, uns selbst zu belügen. Mach dir selbst nichts vor, sei ehrlich zu dir selbst, wenn es dir gut geht und auch, wenn es dir mies geht.

Folgende Szene kennst du sicher aus alltäglichen Begegnungen:

„Hallo, geht es dir gut?"

„Ja, schon."

„Wirklich? Hast du das ehrlich gemeint oder nur so dahingesagt?"

„Ist doch egal, dies spielt doch keine Rolle. Mich fragt doch keiner, ich muss funktionieren. Das Hamsterrad hält nicht an."

„Was wünschst du dir, was könnte das Hamsterrad stoppen?"
*(Sarkastisches Lachen...) „Was ich mir wünsche? Das interessiert doch sowieso niemanden. Ich **muss** doch. Wir müssen doch alle, den anderen geht es doch genauso wie mir, denke ich."*

„Hast du heute früh aufstehen müssen oder wollen?"

„Wieso, das ist doch egal. Klar muss ich. Ich muss ja arbeiten und muss Geld verdienen."

„Macht dir dein Job Freude?"

„Nein, aber das spielt auch keine Rolle. Das Geld ist dringend notwendig, Miete und und und..."

Oder: „Nein, ich bin arbeitslos. Ich suche schon lange eine Stelle, aber es ist einfach nichts Passendes dabei oder man will mich nicht, ich passe nicht zu der Arbeit / Tätigkeit oder ich passe nicht ins Team, meinen die. Das Geld ist knapp, ich würde gern arbeiten."

Kommen dir diese Sätze bekannt vor? Was empfindest du, wenn du diese Sätze liest? Hast du heute mehr müssen oder wollen erlebt? Konntest du heute bereits nach deinen Wünschen handeln?

Wie geht es dir? Ganz gut. Das ist meist die erste Frage und die darauffolgende Antwort, wenn man anderen Menschen begegnet, sei es im Treppenhaus, auf der Straße, im Supermarkt oder beim Arzt etc.

Jetzt frage ich dich: Wie geht es dir heute so, wie geht es dir im Moment?

Also fragst du dich nun selbst: *„Wie geht es mir heute so? Wie geht es mir im Moment so?"*

„Ist ja egal, die Frage spielt keine Rolle, da ich sowieso funktionieren muss. Mich fragt doch keiner. Der Alltag ist wie er ist. Wie es mir geht, ist völlig belanglos. Es muss ja alles so sein. Man kann eh nichts ändern."

Dies sind meist die Antworten. Sind es auch deine Antworten, erkennst du dich wieder?

Fragt auch dich keiner, wie du im Hamsterrad des Alltags klarkommst? Ob du arbeitest oder zu Hause bist, das Rad oder die Stressmühle dreht sich für alle, auch, wenn es unterschiedliche Varianten gibt, zum Beispiel finanzielle Not, die auch Stress bedeutet.

Es geht um Gefühle, denn, wie es mir geht, ist ja so ein Gefühl, oder? Dürfen wir noch Gefühle haben? Als Erwachsene? Ist das nicht unmodern? Wir sind doch im Hamsterrad des Alltages genug ausgelastet, jetzt auch noch „Gefühlsdudelei"?

Warum gestattest du dir deine Emotionen und Gefühle nicht, unterdrückst sie sogar gezielt? Willst du kein „Weichei" sein?

Bist du sogar der Ansicht, dass du nicht das Recht dazu hast, etwas zu fühlen?

Dies kommt tatsächlich aus der Kindheit. Denke einmal darüber nach, woher du bestimmte Gedankenmuster hast.

Du wirst feststellen, dass dem so ist. In der Kindheit wurde dir sicher beispielsweise gesagt, dass man nicht weinen darf, man ist doch kein „Weichei" oder „Indianer kennen keinen Schmerz".

Also gestattest du dir heute, als erwachsener Mensch, das Weinen auch nicht. Denn du hast es so in dir programmiert. Unbewusst.

Aber befrage dich einmal selbst, nicht nur bezüglich Emotionen wie das Weinen, sondern auch zu deinen Alltagsverrichtungen. Machst du das, was du alltäglich tust, egal, ob du arbeitest oder zu Hause bist, mit Freude?

Machst du den Job nur, weil es deine Eltern oder deine Umgebung so verlangen von dir und du willst immer noch der kleine brave Junge oder das kleine liebe Mädchen von damals sein? Sei ehrlich zu dir selbst.

Sei du dir dein bester Freund, denn, wenn du dich verstehst, könnte es ein anderer Mensch ja auch, oder?

Wenn du dich so annimmst, wie du bist, dann magst (liebst) du dich auch selbst (auch wenn das viele jetzt wieder nicht hören wollen, denn „Selbstliebe" ist immer noch ein umstrittenes Wort).

Aber es geht um dich und die Bewältigung deines täglichen Lebens, deinen Alltag, mit all seinen Problemchen und Hürden, die du meistern musst. Das Wort Alltag beschreibt ja schon gut, dass alle Tage gemeint sind und nicht nur die Wochenenden, der Urlaub und Feiertage.

Es ist dein Leben – der Alltag. Da darf und muss auch Freude sein und Freude ist ein so schönes Gefühl. Ja, wenn es nur so einfach wäre...

Gefühle, Wünsche und Bedürfnisse

Fühlen – das wollen wir nicht so gern …

Wer nicht hören kann, muss fühlen …

Ich behaupte noch einmal, dass wir im Inneren immer noch Kinder sind. Wir sind die gleichen Wesen, nur groß gewachsen und geprägt durch Erlebnisse und Erfahrungen. Wir sind alle sensibel und mit Gefühl ausgestattet, zur Welt gekommen (außer bestimmte Erkrankungen, welche meine Behauptung relativieren könnten).

Heutzutage, als Erwachsene, finden wir die ganze „Fühlerei" sei unmodern, „ist etwas für Weicheier", solche und ähnliche Sprüche sind uns dann im Kopf.

Aber werde dir dessen bewusst: Spätestens, wenn dein Körper nicht mehr das macht, was du willst und sich Rückenbeschwerden, Knieprobleme, Kopfschmerzen und viele andere Symptome einstellen, ist es ratsam, zu fühlen, was dein Körper braucht. Dein Körper sagt es dir dann durch Schmerzen, denn Schmerzen sind ein Warnsignal, auch und insbesondere von der Seele.

Wenn du Hunger hast und dein Magen knurrt, isst du ja meist auch etwas, um diesen Hunger zu stillen. Dies ist auch ein Körpergefühl. Körper, Geist und Seele machen uns als Mensch zu dem, was wir sind. Dazu zählen Gefühle und auch Emotionen.

Deshalb frage ich dich jetzt an dieser Stelle hier: Wie fühlst du dich gerade? Was fühlst du jetzt in diesem Moment?

Bist du fröhlich, bist du nervös, traurig, gestresst oder fühlst du dich allein oder „na geht so"? Wie fühlt sich dein Körper an, wie fühlen sich die Beine an usw.?

Du fühlst nichts? Na, nichts geht nicht. Aber mach dir nicht schon wieder Stress „ich muss ja was fühlen, wenn sie in dem Buch so fragt".

Aber spüre einmal, wie warm oder kalt es gerade im Zimmer oder draußen ist. Siehst du, du fühlst etwas, und zwar über die Haut, nämlich Kälte oder Wärme, den Wind etc. Erst dann denkst du, „oh es ist kalt heute, ich muss eine Jacke anziehen".

Was als erstes da ist, das Gefühl oder der Gedanke, darüber lässt sich diskutieren, dies nur am Rande.

Also, du fühlst etwas, und wenn es auch nur kalt oder warm, äußerlich über die Haut wahrgenommen, ist. Wie fühlst du dich nun im Inneren? Ist da ein Wohlbehagen? Bist du traurig? Freust du dich sehr über etwas? Nichts, nix? Aber irgendetwas ist immer. Irgendein Gefühl ist immer da, wir bekommen es im Allgemeinen nicht so mit und hier liegt auch die Gefahr. Denn während wir im Hamsterrad so rennen, ja sogar vor uns selbst wegrennen, schlummert das Gefühl etwas tiefer versteckt in uns. Gefühle werden unterdrückt oder heruntergespielt. Wir müssen ja funktionieren.

„Ja, ich bin traurig, aber das ist keine große Sache. Ich bin gestresst, aber das sind wir alle. Ich bin nervös, aber ich soll mich nicht so haben. Ich soll nicht so empfindlich sein und das nicht so hochspielen."

Wer sagt das zu dir? Du selbst, deine innere Stimme? Ist es deine innere Stimme, die das schon verinnerlicht hat, was von außen ständig gesagt wird, vielleicht sogar schon seit deiner Kindheit? Sind es andere – wie Kollegen, Freunde, Partner?

Wir alle sind sensibel. Keiner will verletzt werden, jeder fühlt etwas. Oft sind viele Gefühle und Emotionen gleichzeitig da, der Mensch ist komplex und wir haben zigtausende Gedanken in der Minute, ja sogar in der Sekunde, zu verarbeiten. Jeder, der verletzt und gedemütigt wurde, baut eine Mauer zum Schutz um sich, die oft schon als Kind fundamentiert wurde.

Glaube mir, denn ich habe es selbst schon erlebt, dass die, die am stärksten von „immer diese Gefühlsdudelei" und „das sind doch Weicheier" nach außen posaunen, innen ganz sensibel sind. Wenn du sie allein triffst, sind sie dir gegenüber offen, aber in der Gruppe spielen sie die starke Rolle. Allein zu Hause in ihrem stillen Kämmerlein weinen auch diese Menschen, so groß kann die Verletzung sein. Oder man erlaubt sich nicht einmal, zu weinen, selbst wenn man allein zu Hause ist.

Wie absurd sind wir Menschen nur, denn für die Verletzung und Demütigung, die uns zugefügt wurde, haben wir selbst keine Schuld. Dabei wäre es so wichtig, auch zu heulen, es kann den Schmerz der Vergangenheit lösen.

Manchmal hilft heulen, wenn es bei dir so ist, dann heule. Nach dem Heulen sieht man vieles klarer und es geht einem meistens besser. Und: auch Männer dürfen heulen. Ich sage hier Heulen statt Weinen, denn weinen will wieder keiner hören (das erinnert dann wieder an Weichei), obwohl wir alle Weicheier sind, denn wir sind alle, mit Gefühl ausgestattet, auf die Welt gekommen.

Haben wir verlernt, Gefühle haben zu dürfen?
Warum sind wir Menschen so. Was machen wir uns selbst vor?

Wissen wir, was wir eigentlich brauchen, was wir wollen und uns von Herzen wünschen?

Wie gesagt, spätestens, wenn dein Körper streikt und krank wird, solltest du dir diese Frage stellen. Aber so weit muss es nicht erst kommen. Sorge dich um dich, auch jetzt schon!

Kennst du deine Bedürfnisse?

Hast du heute schon mehr „sollen" und „müssen" erlebt oder mehr „dürfen", „können und wollen"? Sei ehrlich! Sei ehrlich zu dir selbst. Oder hast du auch deine Bedürfnisse wieder klein geredet, wie „ach, die sind nicht so wichtig"?
Sollen und müssen – was uns von außen gesagt wird, wie wir sein sollen, beispielsweise „uns nicht so haben" ist das Eine.

Das andere Sollen und Müssen ist im Tun und Handeln, „man muss zur Schule gehen, man muss zur Arbeit fahren, muss und soll dies und das tun oder machen".

Was sind deine Bedürfnisse, was sind deine Werte, was ist dir wichtig?
Was ist im Moment der Bedarf deines Körpers, deiner Seele? Wenn du zum Beispiel müde bist, dann ruhe dich aus. Dein Körper zeigt es dir, er ist klug und macht dies nicht ohne Grund. Hast du Hunger, dann isst du etwas, ist dir kalt, dann ziehst du dir etwas mehr an. Es gibt Grundbedürfnisse und dann gibt es auch andere Bedürfnisse, aber es sind deine eigenen. Es sind auch Wünsche, deren Erfüllung ebenso wichtig ist. Es hängt auch mit deinen Werten zusammen, was du dir wünschst und was du benötigst, um ein zufriedenes Leben zu führen. Auf Dauer unzufrieden zu sein, macht einen verbitterten Menschen aus einem.

„Ja, ich möchte so gern..., aber..." (und da kommt es), unsere aufgezählten Gründe, warum dies und das nicht geht, nicht funktioniert usw., sind unendlich.

Damit bist du nicht allein.

Aber warum machst du eigentlich nicht das, was du dir von Herzen (seit langem evtl. schon) wünschst? Was steht dem entgegen? Das Leben rast, glaube mir, ich bin ja schon „Ü50" und rückblickend frage ich mich, wo die Jahre hin sind. Im Alter von 20 Jahren lacht man noch darüber. Wenn jemand sagt, wie schnell die Kinder groß werden, winkt man ab und belächelt auch das. Und plötzlich ist man 40, 50 oder älter.

Es geht mir hier nicht um die Selbstfindung und Selbstverwirklichung und Selbstoptimierung! Es geht nur um die einfachsten Herzenswünsche, die so oft auf der Strecke bleiben. Ich möchte so gern... Was möchtest du am liebsten? Denk darüber nach und dann los, mache es! Mache es jetzt oder beginne es jetzt, bereite es wenigstens vor und plane, wenn es größere Sachen sind.

Du kannst es nicht, weil...

... es andere als „blöden Traum, Tagträumerei" usw. beschreiben würden, wenn sie auch nur deinen Wunsch je erfahren und wenn du es verwirklichst, dich als „Spinner/in" abwerten?

Was sind generell deine Bedürfnisse?
Werde dir dessen bewusst.

Ah, bewusst werden, tolles Wort. Schon wieder dieses Bewusstwerden. Langsam nervt das.

Aber gehen wir noch einmal zum Anfang zurück, zu unserer Geburt und Kleinkinderzeit. Wir sind zwar anwesend, aber wir sind uns selbst nicht bewusst und das, was uns umgibt, wo Grenzen sind usw., ist uns unbekannt.

Als Kinder entwickeln wir dies erst nach und nach. Kinder haben feine Antennen. Als Kinder nehmen wir alles um uns auf und wenn wir getadelt werden, sind wir verletzt und wenn es nach unserem Empfinden ungerecht ist, getadelt zu werden, entwickeln wir Wut.

Wenn wir, wenn unser Dasein, ignoriert werden, entwickeln wir kein gutes Selbstwertgefühl. Wenn Angst ständig vorgelebt wird oder wir bedroht werden, entwickeln wir Angst schnell bis zur „Überangst". Das alles erscheint erst einmal logisch.

Die Wiederholungen dieser Erfahrungen im Kindesalter, machen erst das Problem.

Als kleine Kinder sind wir hilflose Wesen und völlig den um uns lebenden Menschen ausgesetzt. Wir haben keine Wahl, auch in Bezug auf Bedürfniserfüllung. Es wurde uns vielleicht als Kind gesagt, wir seien zu anspruchsvoll, es ist nicht genug Geld da, was wir immer wollen, lieb sind wir ja auch nicht usw. Also spielen wir unsere Bedürfnisse herunter, machen sie klein, um nicht maßlos zu erscheinen.

Erst als Erwachsene haben wir eine Wahl, auch wenn wir stark, sehr stark sogar, eine Prägung aus dem Kindesalter mit uns herumtragen. Was 14 Jahre oder viele Jahre mehr „eingetrichtert" wurde, kann nicht mal eben in 2 Jahren verschwinden.

Eine 60jährige Frau sagte einmal zu mir „ich bin eben so erzogen worden".

Wie lange ist deine „Kinderstube" schon her? Die Prägung aus der Zeit ist enorm. Leider sind dabei auch viele negative Prägungen geblieben.

Aber zurück zu deinen Bedürfnissen. Du hast Bedürfnisse. Die mindesten dürften sein: im Frieden leben, ein Dach über dem Kopf, Kleidung, satt zu essen und zu trinken.

Wenn du kämpfst, kannst du, zumindest bei uns in Deutschland, das alles haben. Wie gesagt, manchmal musst du auch dafür kämpfen und dich kümmern, aber du kannst es haben, ist meine Meinung und meine Erfahrung. Denn ich weiß, wovon ich spreche, wenn es sich „um die Wohnung kämpfen" handelt und auch ich habe das Arbeitsamt von innen gesehen.

Was sind deine weiteren Bedürfnisse? Was brauchst du zwingend, um zufrieden zu sein?

Sind es das große Auto nur für dich allein, ein Schloss oder eine Villa, ein Boot, ein Zweitwagen?

Oder reicht dir ein minimalistisch ausgestattetes Leben? Was ist dein Mindestbedarf und was wäre als Traumverwirklichung schön?

Keiner, auch wirklich keiner, hat das Recht, dir zu sagen, was richtig oder falsch ist. Das ist meine Meinung. Aber ich möchte auch hier nochmals betonen, dass dies immer nur in dem Maße erlaubt ist, wo niemandem Schaden zugefügt wird durch dein Denken und Handeln.

Was sind die Gegebenheiten in deinem Leben? Was kannst du tun, um deine Bedürfnisbefriedigung zu erreichen? Mit welchem Aufwand, welchen Kosten und ist es das dann noch wert, wenn z. B. deine Gesundheit unter Stress leidet.

Ist es wert, 60 Stunden zu arbeiten und dann irgendwann zu erkranken? Motto dabei „Ach, das wird mein Körper schon aushalten...“?
Bist du dir dessen selbst bewusst? Jetzt, da du erwachsen bist? Was möchtest du, weißt du das?

Wie wirken deine kindlichen Prägungen jetzt (noch). Willst du oder wolltest du z. B. studieren und Arzt werden, nur weil es deine Eltern sich so wünsch(t)en von dir? Sie woll(t)en nur das Beste für dich? Ist es das wirklich? Woll(t)en sie nur ihre eigenen Ansprüche erfüllen, haben sie ihre Träume nicht verwirklicht in ihrem Leben und denken, dass das jetzt gut für dich wäre?

Durch Bedürfniserfüllung schaffst du Selbstzufriedenheit, ganz einfach, indem du dir überlegst, was du am liebsten machen würdest. Achte hierbei nur nicht auf das, was andere sagen oder denken. Nur du, was du gern machen möchtest, zählt, Beispiel Arbeit: kannst oder konntest du den Wunschberuf erlernen mit deinen Möglichkeiten oder als Hobby usw.? Spiel es träumerisch durch. Ja, hier darf sich dein inneres Kind mal austoben und wieder träumen. Wer sagt, dass das falsch ist, wer behauptet das und warum muss dies richtig sein, was andere sagen?

Es gibt kein richtig oder falsch (außer wenn andere Schaden nehmen dadurch!).
Der Perfektionsdruck von außen und der, den wir uns selbst auferlegen, hindert uns.

Du kannst es aber selbst entscheiden, und, wenn dein Wunschberuf sich später für dich als nicht mehr passend erweist, dann kannst du natürlich neu überlegen mit deinen inzwischen gemachten Erfahrungen und Möglichkeiten.

Das hohe C ist es, wenn du es schaffst, deine Körperreaktionen (Intuition) zu erspüren. Das ist gar nicht so schwer, denn, wenn du frierst, spürst du es auch, oder? Aber auch intuitiv habe ich zum Beispiel manchmal gar keine Informationen von meinem Körper, wenn ich sie brauche. Das ist ganz unterschiedlich.

Ich übe hier noch. Leicht kannst du es trainieren, indem du wahre und falsche Aussagen mal testest und spürst, welche Körperreaktionen sich dann zeigen.

Welche deiner Bedürfnisse ignorierst du selbst und warum, und welche sind zu kurz gekommen? Klar, manches muss im Alltag zunächst ignoriert und verschoben werden, aber kümmere dich um Ausgleich.

Werden Bedürfnisse immer wieder unter den Teppich gekehrt, können sich daraus auch eine Wut und starke negative Gedanken entwickeln. Neid auf andere, die dies und jenes geschafft haben, die eine vermeintlich bessere Figur haben, sind ebenfalls Anzeichen dafür.

Das Gefühl, nicht angenommen zu sein, nicht geliebt zu werden und Schuld zu haben, kann schwer belasten und verhindern, dass du deine Bedürfnisse ernst nehmen willst und kannst. Aber: dieses Gefühl kommt von deinem inneren Kind, mach dir dies klar.

Wir bauen Blockaden und Schutzmauern bereits in der Kindheit für eine Art Daseinsberechtigung und als Überlebensplan und erlauben uns nicht einmal mehr zu fühlen, weil es weh tun kann. Aber dieser Schmerz (zum Teil in der Kindheit aus Widerwillen geschaffen und einem Leben gegen meine von Herzen kommenden Wünsche im Erwachsenenalter) kann nur durch Ehrlichkeit mir selbst gegenüber gelöst werden.

Deshalb ist es so wichtig, sich selbst bewusst zu werden, welche Fähigkeiten habe ich, welche Bedürfnisse, wie gehe ich mit Gefühlen um und welche Gedanken sind in mir.

Ah, mir meiner bewusst sein. Ist dies das Selbstbewusstsein? Deutlicher wird es, wenn ich es so schreibe: sich-Selbst-bewusst-sein.

Selbstwert und das Bewusstsein darüber

Jeder Mensch freut sich, wenn er etwas geschafft hat, ein Ziel erreicht und wenn er bejubelt wird, nicht nur Künstler und Sportler, auch wir als kleine „Hanseln".

„Bejubele dich selbst", wird neuerdings oft geraten, „finde dich selbst und dein Potenzial", „Selbstverwirklichung" und „Selbstoptimierung" sind Begriffe der jüngsten Zeit.

Wir wollen es nicht übertreiben und ganz langsam anschauen, was dahintersteckt.

„Ich soll mich selbst bejubeln?"

„Wofür?", fragst du dich.

„Und ist das nicht egoistisch, selbstherrlich oder arrogant?".

„Nein, das mache ich nicht".

Wofür sollst du dich denn selbst bejubeln? Na, erst einmal, dass du auf der Welt bist. Du bist so, wie du bist, schon mal nicht schlecht. Du leistest auch etwas, für dich und für alle Mitmenschen, auch die kleinen Dinge sind wichtig.

„Was leiste ich denn", überlegst du im stillen Kämmerlein so vor dich hin.

Uns fällt es so schwer, uns selbst vernünftig und realistisch einzuschätzen.

Warum ist dies so? Oft merken wir nicht einmal, wie schlecht wir über uns selbst denken, denn wir finden ja nichts, wofür wir uns bejubeln können. Wir sind oft zu hart mit uns selbst und dadurch auch zu anderen, ohne dies überhaupt festzustellen.

Stammt dies aus den harten Kriegs- und Nachkriegsjahren unserer Eltern und Großeltern, die uns ihre Sichtweise weitergegeben haben, wie „hab dich nicht so", „Augen zu und durch" oder „Indianer kennen keinen Schmerz"? Heute ist ja eine ganz andere Zeit mit anderen und neuen Herausforderungen. Es gibt ständig neue technische Entwicklungen, die wie immer Fluch und Segen zugleich sein können, wenn wir sie nicht maßvoll anwenden und dann wegen Überforderung (unbemerkt und schleichend) kollabieren. Immer mit der innerlichen Härte von damals rennen wir durch die neue Zeit. Alles und ohne unsere Gedanken zu prüfen. Ist das der Grund für fehlende realistische Selbsteinschätzung?

Wir sind uns selbst nicht bewusst über uns und unser Verhalten. Fehlt uns das Selbst-bewusst-sein oder was ist es? Ich habe es absichtlich so geschrieben, um damit etwas deutlich zu machen.

Selbstwert(gefühl) – brauche ich das Gefühl? Alles nur Gerede?

Echtes Selbstwertgefühl kommt vom Herzen, Selbstüberschätzung vom Ego, finde ich. Dies wird oft verwechselt.

Aber der Reihe nach…

Wenn du das Wort Selbstwertgefühl liest, erahnst du fast schon, was es bedeutet: Selbst und Wert und das Gefühl.

Du gibst dir selbst einen Wert. Du bist selbst etwas wert.

Und: deine Werte im Leben sind wichtig.

Die Frage ist nur, sind es wirklich deine Werte oder die deiner Eltern oder Umgebung?

Wenn du ständig eine für dich sinnlose Arbeit ausübst, ist dies nur mit Widerwillen verbunden und dein Leben wird sinnlos und langweilig für dich.
Aber es geht hier um deinen Selbstwert.

Und das ist so wichtig. Sage dies am besten jeden Morgen in dein Spiegelbild bzw. zu dir selbst:

Ich bin wertvoll, so wie ich bin. Hier möchte ich betonen, dass es wichtig ist, anderen nicht zu schaden. Dann bist du gut so, wie du bist.

Ich muss mich nicht verbiegen, wie es andere von mir wollen. Ich habe einen Wert und kann meine Werte leben so wie jeder andere auch seine Werte leben kann.

Gutes Selbstwertgefühl zu haben ist eigentlich Problemlöser Nr. 1 von vielen Problemen im Alltag, aber, wenn du dieses gute Selbstwertgefühl eben nicht hast, auch zum „Problemschaffer".

Wenn du dir selbst sagst, dass du gut und vollkommen bist, ist das wie eine sichere Bank und wie ein sicheres Haus, von dem aus du fast alle Widrigkeiten und Probleme lösen kannst.

Wenn du eine Arbeit gut verrichtest, kannst du es gut bewerten. Erst recht, wenn du diese Arbeit als sinnvoll betrachtest. Bei Nichtgelingen machst du es nächstes Mal einfach besser, planst besser, probierst die Möglichkeiten, testest und gibst dir bei der Ausführung etwas mehr Mühe.

Es ist kein Scheitern. Es gibt keinen perfekten Weg, keine perfekte Lösung. Niemand ist perfekt.

„Ich habe so viel Tolles schon geschafft im Leben, warum ziehe ich mich selbst immer wieder runter, manchmal merke ich es selbst gar nicht, es läuft automatisch in meinem Inneren ab."

Diese Worte kommen dir bestimmt bekannt vor. Du wertest deine eigenen Leistungen noch selbst ab, ganz im Inneren, oft unbemerkt.

Wenn du selbst schon hohe Qualitätsansprüche hast, weil du dich auf einem Gebiet gut auskennst und arbeitest hart daran, erwartest du auch von anderen Menschen eine gute Rückmeldung. Wenn dann andere kommen, die dich auf diesem Gebiet nicht einschätzen können, und reden dich klein, frustriert dich das. Selbst wenn welche, die sich da auskennen, aber andere Ansprüche haben, dich abwerten, dann zieht dich das auch runter.

Bei wenig Selbstwertgefühl wird es dann zum Schaden für dich.

Wenn du dann noch über deine Leistungsgrenzen hinweg immer tausend Prozent geben willst, z. B. in der Arbeit, in der Familie, bei Freunden und Bekannten, und nicht genug Anerkennung zurück kommt zu dir, wirst du müde, unzufrieden, teilweise macht sich eine Sinnlosigkeit breit, traurig bist du und irgendwann krank. Und deine Abwärtsspirale verstärkt sich mit Erkrankung dann auch noch, weil du dir außerdem noch nutzlos vorkommst, obwohl du dich so abkämpfst. Sieht denn niemand, was du leistest?

Es kommen psychosomatische Symptome, am Anfang relativ harmlos, wenn sie ignoriert werden, verstärken sie sich, bei mir war es Migräne und Erschöpfung bis zum Burnout.

Durch diese Symptome zeigt dir dein Körper, dass es so nicht mehr geht, die Seele schickt teilweise auch den Körper vor, denn die Symptome (Magen-Darmprobleme, wie Durchfall oder Rückenschmerzen und Knieprobleme, die zu Unbeweglichkeit und Unmöglichkeit der Fortbewegung führen können), kannst auch du dann nicht mehr ignorieren.

Viele Ärzte erkennen das auch schon, aber viele eben nicht. *„Sie wollen ja nicht, reißen Sie sich mal zusammen!"* kommt dann als Spruch.

Körper, Geist und Seele gehören nun mal zusammen, ist meine Meinung, ohne jetzt spirituell sein zu wollen. Es ist einfach so. Körper und Seele und Geist können sich wechselseitig beeinflussen. Ein entspannter Körper wirkt beruhigend auf dein seelisches Wohlbefinden und umgekehrt. Mit deinem Geist, also deinem Denken, kannst du deinen Körper zur Ruhe bringen. Wenn deine Seele Schmerzen hat, so musst du das genau so ernst nehmen, als wenn du Durchfall hast, denn da bist du gezwungen, was zu unternehmen und kannst z. B. nicht nach draußen gehen. Ich habe mit Absicht dieses Darmproblem ausgewählt, damit du anhand dieses krassen Beispiels erkennst, wie man sich auf körperliche Sachen konzentriert, aber die seelische Gesundheit wird oft als nicht so wichtig erachtet, selbst wenn dort Symptome auftreten können. Seelische Schmerzen äußern sich ja gerade auch oft durch körperliche Symptome. Sieh, wenn du aufgeregt bist, grummelt es im Bauch, da haben wir den Beweis.

Krank werden will niemand und soweit muss es nicht erst kommen, stimmts?

Selbstwertgefühl ist das A und O. Das ist die Basis deines Lebens, denn das bist du selbst und wie du dich siehst im Leben. Deswegen: Du bist gut so, wie du bist.
In einer Partnerschaft, wenn es richtige Liebe ist, also dein Seelenpartner, der dein Innerstes liebevoll und wertschätzend berührt, hilft sie dir auch, gutes Selbstwertgefühl zu entwickeln und zu haben. Der richtige Partner im Leben will, dass es einem gut geht. Man kann auch wachsen aneinander, wenn man ehrlich zueinander ist, aber das Selbstwertgefühl darf auf Dauer nicht durch den anderen Partner verletzt werden. Dann stimmt etwas nicht mit eurer Beziehung.

Viele tragen aus der Kindheit Verletzungen in sich, zum Teil völlig unbewusst. In der Kindheit hast du vielleicht nicht die volle Aufmerksamkeit bekommen und damit fehlte und fehlt noch immer deine Daseinsberechtigung, Liebe wurde mit Leistungen verknüpft, von deinen Eltern, Verwandten oder

Lehrern und du hast dort eventuell auch (manchmal ungerechte) Abwertung erfahren müssen.

Kinder haben feine Antennen und beziehen alles auf sich (auch negatives und haben dabei ein Gefühl der Ablehnung und Schuldgefühle).

Aber: auch Eltern, Lehrer und weitere Bezugspersonen haben dich nicht immer mit Absicht abgewertet. Sie hatten und haben ihre eigenen Probleme und deine Eltern vielleicht auch wenig Zeit für dich, da sie arbeiten mussten und andere Geschwister zu versorgen waren usw.

Und: sie haben es nicht besser gewusst. Heute weiß man, wie wichtig es ist, den Kindern direkte Aufmerksamkeit zu schenken und unseren Kindern, Enkeln, Urenkeln usw. ein gesundes Selbstwertgefühl mitzugeben.

Auch ich habe schon in meiner eigenen Kindheit und danach noch gekämpft für Freude und Liebe, hab mich verbogen, um geliebt und gemocht zu werden. Dieses Muster gilt es abzuändern. Ich muss nicht um die Liebe und Zuwendung anderer Menschen betteln, auch du nicht. Werde dir dessen bewusst. Jetzt bist du erwachsen und kannst selbst aufwerten, was gefehlt hat.

Daher: Du bist gut, so wie du bist. Sage es dir immer wieder!

Keiner kann sich ein (Vor-)Urteil über dich erlauben. Niemand kennt dich so gut wie du dich selbst kennst in all den Jahren und auch das manchmal noch nicht, mir geht es so und sicher anderen auch. Sich selbst versteht man ja auch nicht immer.

Also keiner kann dich richtig einschätzen. Niemand lebt dein Leben, erlebte deine eigene spezielle Geschichte, hat deine Erfahrung gemacht usw. Umgedreht ist es auch so, du kannst andere auch nicht (vor)verurteilen.

Du bist gut, so wie du bist. Der andere ist es auch.

„Ja, aber", wirst du sagen, *„da sind noch Schwächen, die ich selbst an mir nicht mag."*

Das Annehmen der Schwächen, eine heikle Sache. Aber: sage es dir immer wieder, auch meine Schwächen gehören zu mir. Andere haben wieder andere Schwächen. Na und. Das ist nicht leicht, aber trainiere es, jeden Tag. Es gibt keine Vollkommenheit. Sieh dich in der Natur um, kein perfekter Baum, keine perfekte Pflanze usw. Wir Menschen sind auch Natur. Keiner ist perfekt. Nur, wenn dein Partner auch deine Schwächen liebt oder zumindest akzeptiert, ist es ein Seelenpartner, denn dann berührt er dich in deinem Innersten und nimmt dich so an, wie du bist. Jeder hat schwache und starke Seiten und schwache und starke Momente.

Aber: wer bewertet, was stark und schwach ist und was somit negativ und positiv ist? Niemand. Keiner hat das Recht dazu. Aber, auch du darfst dich so annehmen, wie du bist. Das ist vielleicht die Grundvoraussetzung für einen Seelenpartner. Sei du dir selbst erst einmal der Seelenpartner, und zwar in jedem Moment des Alltags. Ich denke, dann kann dich beispielsweise auch niemand verletzen.

Hinterfrage deine schlechten Gedanken, die du über dich selbst hast. Prüfe, ob diese wahr sind und ob diese wichtig sind. So frage dich zum Beispiel, wenn du dich zu dick findest oder nicht schön genug, dann frage dich, wieso und woher kommt dies, evtl. nur aus der Werbung mit schönen schlanken Menschen?

Alles ist nur relativ. Es gibt (fast) immer zwei Seiten. Du bist gut so, wie du bist. Punkt.

Mit gutem Selbstwertgefühl bist du nicht so leicht angreifbar. Das erkennt der andere an deiner aufrechten Körperhaltung und dann traut man sich nicht, dich anzugreifen, verbal – also mit Worten - und auch körperlich. Mobbing passiert einem Menschen auch durch fehlendes Selbstwertgefühl.

Meist ist der Mobber (auch ohne gutes Selbstwertgefühl) selbst Opfer von Mobbing gewesen, zum Beispiel in der Kindheit, im Elternhaus, hat er Demütigungen erfahren, diese nicht verarbeiten können und gibt das nun weiter an andere, tritt sozusagen den Schwächeren. An starke (innerlich in sich ruhende, selbstbewusste) Menschen traut er sich nicht heran. Selbst-bewusst, ich habe es hier absichtlich mit Strich versehen, bedeutet, dass man sich seiner selbst bewusst ist. Ähnlich wie beim Selbstwert, das ist der Wert, den du dir gibst, musst du dir dessen bewusst sein (das ist dann das Selbstbewusstsein). Wenn man über sich selbst weiß, was man an sich hat und was man leistet, ist alles einfach.

Doch oft ist dies in Momenten oder zeitweise nicht vorhanden. Wir sind nicht zu jeder Zeit „gut drauf". Ein schwacher Moment genügt, der Mobber hat vermeintlich freie Bahn. In schwachen Momenten ist unsere dünne Schutzhülle offen für Angreifer und Verletzungen.

Das gilt es zu verhindern, indem wir es schaffen, in uns selbst zu ruhen und dies signalisiert nach außen Stärke. Wir dürfen hier jedoch keine neuen Schutzmauern bauen, sondern in uns selbst ruhen lernen durch Auffüllen unserer realistischen und guten Gedanken über uns selbst.

Auch wenn jemand stark verletzt oder gedemütigt wurde von Menschen, denen wir, beispielsweise in der Kindheit sehr vertrauen und als Kinder abhängig sind von diesen Menschen, haben wir als Erwachsene sowieso, immer, die Wahl, wie wir mit dieser alten Verletzung umgehen und was wir daraus machen. Nur muss uns erst einmal bewusst werden, dass diese alte Verletzung oder dieses Trauma für die heutigen zwischenmenschlichen oder/und gesundheitlichen Probleme verantwortlich sind.

Aber warum kämpfen wir gegeneinander schon am Arbeitsplatz, warum in der Schule (aber da sind wir noch Kinder und das klammere ich jetzt mal hier aus).

Als Erwachsene müssen wir uns fragen: Haben wir keine anderen Probleme, als uns ständig zu vergleichen und zu bewerten und zu bekämpfen, nur weil der andere auch eine andere Meinung hat, andere Klamotten trägt, anders redet, sich anders verhält? Nein, scheinbar geht es uns zu gut, oder? Andere hungern auf dieser Welt, kämpfen jeden Tag ums nackte Überleben.
Und was machen wir? Wir bekriegen uns am Arbeitsplatz, unserer Existenzgrundlage! Warum sind wir Menschen so absurd?

Wir müssen auch gar nicht so weit in die Welt schauen. Auch um uns herum gibt es schwer kranke Menschen, die froh wären, wenn sie ohne Schmerzen mal an die frische Luft raus könnten. Wir vergessen dies alles so leicht. Wir bekommen es ja auch immer präsentiert durch die Werbung, wie wir sein sollen.

Aber auch hier haben wir die Wahl, was wir uns ansehen, hören und was wir glauben. Bedenke immer, wenn du andere Menschen siehst, du kennst nicht ihre Geschichte, ihren Werdegang und kannst sie nicht beurteilen, nicht bewerten und nicht abwerten.

Auch dich sollst du nicht immer beurteilen, bewerten und abwerten!

Du bist gut, so wie du bist. Aber schade niemandem. Nur dann bist du gut, wie du bist!

Sind wir uns selbst nicht bewusst (uns selbst bewusst - klingt etwas hochtrabend, was)? Warum sind wir uns dessen nicht bewusst, dass wir uns und andere bewerten (meist auch noch voreilig). Uns selbst auch abwerten, das ist doch schlimm. Wir arbeiten gegen uns, wie soll der Körper dann noch Kraft und Energie haben für den (stressigen) Alltag?! Negative Gedanken führen zu Abwertung (von sich selbst und anderen), ich habe es selbst bei mir bemerkt und heute kann ich besser darauf reagieren und gegensteuern. Das kannst du auch, es ist ein bisschen Training, wie im Sport, aber für deine Gesundheit wichtig und für deine volle Lebensfreude, denn abwerten und miesmachen ist keine Freude, sondern Qual.

Liebe und Seelenpartner

Wenn Selbstannahme und Selbstliebe funktionieren, brauche ich dann noch einen Seelenpartner?

Dazu muss man klären, was ein Seelenpartner überhaupt bedeutet.

Auf der einen Seite ist meiner Meinung nach ein Seelenpartner ein Mensch, der mich versteht bzw. es zumindest versucht, und auch mit unseren unterschiedlichen Ansichten und Verhaltensweisen umgehen kann. Aber ich kann mir selbst auch ein Seelenpartner sein. Auch ein Haustier könnte dies (z. B. ein Hund mit seinen treuen Augen berührt meine Seele und ich fühle mich verstanden).

Dennoch: wir Menschen sind Gemeinschaftswesen und wollen gemocht und anerkannt werden. Deshalb suchen wir uns Seelenpartner. Menschen, die uns verstehen und akzeptieren, so wie wir sind.

Klar, muss ich mich selbst auch annehmen können, und dies ist eine bedeutende Voraussetzung für den so genannten Seelenpartner, den nun alle suchen. Aber er allein kann nicht glücklich machen.
Ich bin jedoch auch, wenn ich Verletzungen in mir trage, durchaus partnerschaftsfähig. Wichtig ist nur, dass ich ehrlich zu mir selbst bin und auch zu dem anderen Menschen.

Doch das traut man sich oft nicht. Wir wollen nicht ausgeschlossen sein und uns anpassen. Da kommt wieder das innere Kind ins Spiel mit dem Bedürfnis der Liebe und Annahme durch andere Menschen, aber auch die Verlustangst in uns Menschen. Früher war das Überleben in der Sippe nur möglich, heute ist es nicht mehr ganz so drastisch, aber wir denken, wir müssten uns immer total anpassen, um „in" zu sein.

Sei du dir selbst ein Seelenpartner. Gib dir, was du wirklich von Herzen brauchst! Sorge für dich und dein Inneres liebevoll.

Wo Liebe ist, ist kein Hass. Das ist schon einmal ein guter Ansatz.

Selbstliebe wollen viele nicht hören, aber sagen wir mal Selbstachtung und Selbstannahme, sich selbst der beste Freund sein. Das ist schon viel, denn sich selbst so annehmen wie man ist, und Selbstachtung zu haben, ist auch mit Voraussetzung, um einen anderen Menschen zu lieben. Wenn man wenig von sich selber hält, glaubt man nicht, dass man geliebt werden könnte. Aber jeder Mensch möchte gern in den Arm genommen werden, auch wenn es nur durch nette Blicke geschieht, die Achtung des anderen Menschen kann man unterschiedlich ausdrücken. Jeder will geliebt werden, auch die, die noch so cool tun.
Die starken Mauern außen herum verdecken nur tiefste Verletzungen. Aber innerlich sind wir alle sensibel. Die als Kind oder im Laufe des Lebens stark an der Seele verletzten Menschen

sind ebenso sensibel, nur eben mit Schutzmauern versehen. Nur geben sie es nicht zu, spielen den coolen Helden. Vielleicht sind gerade auch diese Menschen mehr sensibel, ich will nicht sagen hochsensibel, obwohl ich das fast annehme. Neuerdings hört man, dass sogar vor der Geburt, also in der Schwangerschaft der Mutter prägende negative Belastungssituationen, daran beteiligt sind, wie es einem Menschen später gesundheitlich geht.

Aber das ist alles noch nicht generell erforscht, da ist man noch relativ am Anfang. Sensibel sind wir alle, auch wenn wir es nicht zugeben.

Denk mal daran, wie du als Kind einen Teddybär geknuddelt hast. Du konntest ihm alles anvertrauen, deinen Weltschmerz, wenn dich keiner mehr verstand. Der Teddybär hat dich nicht bewertet, nicht abgewertet, sondern so angenommen, wie du warst. So wollen wir heute als Erwachsene auch angenommen werden und sehnen uns nach dieser bedingungslosen Liebe.

Wir sind im Inneren auch noch das gleiche Kind, nur weil wir größer gewachsen sind, sind wir dennoch gleich, zwar mit neuen Erfahrungen und Erlebnissen, aber immer noch fast gleich.

Sich selbst lieben, damit haben viele noch ein Problem. Aber sich selbst der beste Freund sein, ist ein guter Beginn und man kann sich dem Thema nähern.

Denk mal an das Verliebtsein. Wenn du jemanden magst und gern mit demjenigen zusammen wärst, und er dich dann auch will, fühlst du dich selbst großartig, kannst die Welt umarmen, lächelst den ganzen Tag und machst komische Sachen, aber egal, du bist so toll. Die rosarote Brille kann auch Vorteile haben und ist so gesund. Versetz dich in dieses Gefühl. Auch unschöne Tätigkeiten erfüllst du gern, sogar mit einem Lächeln. Körper, Geist und Seele profitieren von diesem Zustand, das Immunsystem wird gestärkt, die Durchblutung verbessert.

Sei einfach ehrlich zu dir selbst. Besonders am Anfang einer Beziehung ehrlich zu sein, ehrlich zu sich selbst und zu dem, was man möchte, ist entscheidend, und trotz rosaroter Brille notwendig.

Augen auf bei der Partnerwahl, doch so einfach ist das ja nicht, wie wir wissen. Aber die Annahme, dass bei jedem Menschen, der in unser Leben kommt und in den wir uns verlieben, irgendwas nicht passt, reicht da nicht. Auch der Gedanke, es wird schon irgendwie werden, ist gar nicht ratsam. Meine Werte dürfen auf Dauer nicht verhöhnt oder klein geredet werden. Ich muss mich wohlfühlen in dieser Partnerschaft, sonst ist es nicht passend für immer, auf Lebenszeit. Echte Liebe ist nur auf Augenhöhe möglich und dies ist dann eine Seelenpartnerschaft. Geben und nehmen müssen sich ausgleichen. Man muss mit dem anderen über alles reden können, was einen bedrückt, ärgert, freut, einfach über alle Gefühle in uns. Wenn einer den Partner bevormundet (manche merken dies gar nicht), dann ist es keine Liebe. Ebenso wenig ist es Liebe, den anderen Partner in Krankheitstagen allein zu lassen, außer er möchte Ruhe. Echte Liebe ist, wenn man dem anderen nur das Beste wünscht von ehrlichem Herzen. Des Weiteren muss ich mir zu jedem Zeitpunkt sicher sein, dass der Partner ausnahmslos zu mir hält. Kannst du das über dich und deinen Partner behaupten?

Man möchte lange mit dem Partner zusammen sein und das bedeutet, auch gesund zu bleiben.

Äußerlichkeiten, die bemängelt werden, sind auch kein Ausdruck von richtiger Liebe. Wenn ich am Aussehen meines Partners etwas auszusetzen habe, sollte ich zunächst überlegen, ob mein eigenes Aussehen dies rechtfertigt und ob hier meine Werte generell realistisch sind oder evtl. andere Gründe, wie Sorge um Gesundheit des Partners, vorliegen.

Umgekehrt, wenn ich Bemängelung des Äußeren durch meinen Partner erhalte und wenn es mich verletzt, was der Partner sagt, muss ich auch überlegen, warum es mich verletzt. Bin ich selbst mit mir nicht im Reinen, weiß ich im Innersten, dass der Partner recht hat? Kann ich meinen Körper, mich selbst, so annehmen wie ich bin?

Wer richtig liebt, will, dass es dem anderen gut geht, egal zu welchem Zeitpunkt. Oft ist es wieder das verletzte, verbitterte innere Kind in uns, unser Ego, verletzter Stolz, was zum Vorschein kommt, und zeigt sich in bösen Blicken, Beschimpfungen und Schuldzuweisungen, Kämpfen sowie krankhafte Machtdarstellung.

Wenn man jung ist, denkt man natürlich anders als im Alter von 40 Jahren und man weiß nie, was in 5 oder 10 Jahren ist. Auch die Werte und die Interessen bei mir und beim Partner ändern sich im Laufe eines Lebens. Das macht eine langjährige Beziehung so kompliziert. Aber es ist wichtig, am Beginn einer Beziehung meine Herzenswünsche und -werte zu beachten, zumindest bevor ich heirate oder eine feste Beziehung eingehen will.

Sollte es dann nicht funktionieren, ist eine freundschaftliche Trennung noch das Beste. Möchte man die Beziehung durch Versöhnung fortführen, muss alles, wirklich alles, was beide bedrückt und stört, auf den Tisch und besprochen werden. Erst dann kann man entscheiden, ob man es weiter versucht, mit Änderungen zusammenzubleiben oder sich in Freundschaft trennt. Nach einer Versöhnung ist es hilfreich, gute Freunde und nette Verwandte um sich zu haben. Freunde und Verwandte, die sich während Auszeit der Beziehung „nicht nur auf eine Seite geschlagen haben". Denn Mitmenschen können und dürfen nie über eine Beziehung, Ehe oder dergleichen urteilen. Sie selbst leben ja nicht mit diesem Partner zusammen und haben ganz andere Vorstellungen, Wünsche, Gefühle usw. Deshalb ist eine Beurteilung hier gar nicht möglich. Während einer Trennung, einer Krise oder nach einer Auszeit siehst du ganz klar und deutlich, wer ein echter Freund von dir ist und es wirklich von Herzen gut mit dir meint. Du kannst gern auf die verzichten, die es nicht gut mit dir meinen. Sie tun dir nicht gut und eurer (neuen) Fortsetzung der Beziehung auch nicht. Sei ehrlich zu dir selbst und du wirst dies ganz genau spüren.

Es gehören immer noch mindestens zwei dazu, ob es sich um eine Partnerschaft, ein Arbeitsverhältnis oder zwischenmenschliche Begegnungen generell handelt. Es ist, wie es ist und es soll so sein. So muss man es am Ende auch denken können.

Unsere besonderen und unterschiedlichen Fähigkeiten: ist Selbstliebe aus Selbstannahme möglich?

Wir werden mit bestimmten Fähigkeiten geboren. Ich denke hier an die Fähigkeiten, die unser Körper, natürlich in steter kooperativer Zusammenarbeit mit Geist und Seele, besitzt.

Jeder verfügt über Fähigkeiten und jeder wird gebraucht, auch du!

Nicht nur Mathematikasse oder Lehrer, nein, auch Müllfahrer, Sänger, Arbeitslose, Reinigungskräfte, Behinderte, Ärzte, Polizisten, Feuerwehrleute, Obdachlose, Pflegepersonal und die Liste ist endlos, haben jeweilige eigene Fähigkeiten und auch Talente. Ich habe die Aufzählung durcheinander gewürfelt, um keine Wertigkeit einzubringen. Wir brauchen dich als Einzelnen mit deinen Fähigkeiten und wir erfreuen uns an verschiedenen Talenten, Menschen, die uns zum Beispiel mit Musik, Malerei oder Sport begeistern. Du hast, wie jeder andere Mensch auch, ebenso Talente.

Ich brauche, und auch du brauchst, andere Menschen, denn du lebst nicht auf einer Insel mit Selbstversorgung. Von jeher haben die Menschen auch nur in der „Sippe" überlebt, aber das nur am Rande und darum geht es mir jetzt nicht, vielmehr um die Fähigkeiten eines jeden Einzelnen.

Du bist gut, so wie du bist, behaupte ich jetzt einfach so. Auch durch dein Handeln und deine Leistungen, wenn du anderen damit nicht schadest, bist du gut. Selbst wenn ich keine große Durchsetzungskraft habe und mir nicht immer viel gelingt im Alltag (jeder Tag ist anders, jeder Moment ist anders), so zählen auch die kleinen Dinge. Misserfolge haben ebenso ihren Wert, denn das Lernvermögen daraus ist wichtig. Der Schein nach außen trügt oft, man muss hinter die Fassade schauen. Selbst große Erfolge haben ihre Schattenseiten. Alles oder fast alles im Leben hat zwei Seiten.

Wer andere bewertet und abwertet, macht das mit sich selbst auch und es geht einem dabei nicht gut. Überlege einmal, warum du es mit dir machst. Warum wertest du dich ab, das ist die Frage aller Fragen.

Danach frage dich, warum du andere abwertest. Du kennst den anderen nicht, vielleicht kämpft er gerade mit einer schweren Krankheit oder einem Verlust und du schätzt ihn völlig falsch ein, deutest seine Ausstrahlung oder seine Wortwahl falsch?

Ich wiederhole es noch einmal: Ein Moment als solches ist friedlich und neutral. Wir selbst sind neutral, nur machen wir es durch Bewertung kompliziert.

Aber nur einreden *„ich bin gut"* und *„ich muss positiv denken"*, reicht nicht. Ist vielleicht meine Daseinsberechtigung in

Schieflage geraten? Diese wird in der Kindheit aufgebaut/angelegt.

Du bist gut, wie du bist gut! Punkt. Bist du dir dessen bewusst?

„Nein", lautet meist die Antwort.

„Warum nicht, was magst du denn nicht an dir? Weshalb findest du dich nicht wertvoll? Andersherum: was magst du an dir? Nichts?"

Das stimmt nicht, hundertprozentig nicht.

„Du findest im Moment nichts? Warum?"
Dann frage dich jetzt hier an dieser Stelle: was magst du im Leben? Ein Eis? Schokolade? Ja? Treffer. Gut.

Jetzt musst du bestimmt lachen oder verdrehst die Augen.

Wenn du dann also Schokolade oder Eis isst, dann freust du dich, lächelst, stimmts?

Das war gerade eine kleine Ablenkung für das Gehirn. Also nochmal, was magst du an dir? Na wenigstens, dass du lachst, wenn du Schokolade isst. Du kannst lachen und sicher siehst du dabei soooo sympathisch aus. Jeder Mensch ist friedlich und schön, wenn er lacht. Also hast du mindestens eine Eigenschaft.

Ich bewerte diese Eigenschaft aber nicht, teile sie nicht in „gut" oder „schlecht" ein, sie ist zunächst neutral. Dein Gehirn aber ist zu sehr im Negativmodus gefangen und gibt dir keine anderen Antworten momentan.

Dann gehe es mal langsam an. Leg dir Zettel und Stift hin und überlege den Tag über, was du an dir gut findest. Einfach so.

Sehen wir uns hier auch einmal in der Natur um: ein schief gewachsener Baum erfüllt seinen Nutzen wie alle anderen Bäume. Er spendet Schatten, nimmt Kohlendioxid auf und gibt Sauerstoff ab und erfreut uns mit seinem Grün, genauso wie ein nicht schief gewachsener Baum. Außerdem gilt es auch hier zu klären, wer denn sagt, was ist schief und was gerade, was ist richtig oder falsch?
Auch jeder Mensch hat Besonderheiten an sich, jeder Mensch hat schöne und weniger schöne Merkmale (Äußerlichkeiten und Charakter), es sind zwei Seiten der Medaille.

Warum fällt es den Menschen so schwer, das zu akzeptieren? Warum müssen wir uns und andere Menschen im Alltag ständig bewerten und oft abwerten? Wir merken das nicht einmal, wie gesagt.
Mir fiel das gestern wieder einmal bei mir selbst auf, ich fühlte mich unwohl. Ich war unterwegs, es war beim Einkaufen. Der Grund für mein „Unwohlgefühl" war, wie sich später

herausstellte, dass ich mich unbemerkt selbst schlecht bewertet hatte. Zu diesem Ergebnis kam ich, nachdem ich in Ruhe meine Gedanken hinterfragt habe und dabei ist es mir dann bewusst geworden, wie ich mich abwertete. Dies geschah scheinbar unbewusst, also automatisch. Durch diese Überlegungen und Feststellungen kam es dann in das Bewusstsein, es ist mir also danach bewusst geworden.

Das menschliche Gehirn ist bis ins hohe Alter änderungsfähig und somit auch die Denkweisen. Schubladendenken, Vorurteile, Bewertung, Abwertung (auch sich selbst, ohne dass man es merkt) sind nur einige Beispiele für negatives Denken. Aber man kann nicht immer in positives und negatives einteilen, oft verfließen diese auch. „Halt einfach mal die Klappe, du innerer Kritiker!", möchte ich mir immer öfter sagen, nehme ich mir vor! Manchmal ist man von seiner eigenen Denkweise absolut überzeugt. Manchmal ist man stur und beharrt auf seiner Meinung. Doch das bringt uns im Zusammenleben und im Alltag nicht weiter. Diplomatie und aufrichtige Kommunikation mit anderen Menschen sind so wichtig im alltäglichen Leben.

Wer sagt, was richtig oder falsch ist? Wer sagt, dass ich und du immer richtig denken müssen?

Keiner.

Jeder Mensch ist wertvoll, jeder Mensch ist anders, es gibt keine völlig übereinstimmenden Zwillingsmenschen.

Es gibt keine Norm, wie ein Mensch zu sein hat und wie nicht. Die Werbung will uns zwar oft zeigen, wie alles so zu sein hat, aber jeder Mensch hat auch hier die freie Wahl, zu entscheiden, was er braucht und was nicht, wie er sein will und wie nicht.

Selbstfürsorge

Sei du dir zuerst dein bester Freund, dein Seelenpartner und gib dir, was du wirklich von Herzen brauchst! Sorge für dich und dein Inneres liebevoll!

In deinem Alltag ist es wichtig, Ruhepausen zu schaffen. Plane möglichst jeden Tag 5 bis 10 Minuten (mindestens) nur für dich ein, egal, welche Probleme oder Pflichten gerade bestehen in deinem Leben.

Klar, so einfach ist es oft nicht, aber es ist wichtig. Sei es dir selbst wert.
Spätestens, wenn dein Körper streikt, muss es auch gehen. Wenn du dann liegen musst, kannst du auch nicht mehr aktiv sein und es geht mehr Zeit verloren als diese 5 bis 10 Minuten am Tag, glaube mir!

Schaffe also ein Gleichgewicht zwischen Anstrengung und Ruhe, notfalls brauchst du dazu Mut und Durchsetzungsvermögen, aber auch das kannst du lernen und trainieren.

Gib dir die Zeit, die du brauchst und beachte nicht, was dir andere vorschreiben wollen, wie lange etwas zu dauern hat, egal, ob es sich um einen Trauerprozess handelt oder andere Probleme, die dich beschäftigen.

Ein verletztes Bein braucht auch seine Zeit zum Heilen. So ist es auch mit Schmerz und Traurigkeit deiner Seele. Überlege, was kann ich noch tun, noch ändern, um meinen Zustand zu verbessern.

Weine (ja, auch Männer dürfen weinen!) so lange, bis keine Träne mehr da ist. Lass dich aber auch nicht hängen und versinke nicht zu tief in der Trauer.

Wenn du merkst, dass dich weinen zu sehr erschöpft, versuche eine Pause zu machen, die Pausen werden immer größer, du wirst es sehen. Auch bei mir hat es geklappt. Was habe ich alles Gutes um mich, wer und was kann evtl. helfen und trösten. Hilft Akzeptanz jetzt schon oder bin ich noch nicht so weit? Was kann ich dennoch tun, ändern im Denken vornehmen?

Geh in deinem eigenen Rhythmus, deine Zeit. Überlege, was kann dir im Moment helfen, was später. Wie geht es anderen? Wie haben es andere in genau meiner Situation durchlebt?

Aber bedenke auch hier, dass jeder Mensch anders ist und unterschiedlich reagiert und umgeht mit Kummer. Lass dich nicht überreden und „überrumpeln".

Ich denke, wir müssen die Zeit wieder mehr an uns anpassen und wir uns nicht an sie. Das Hamsterrad zu stoppen gilt es, um wieder ein besseres Lebensgefühl zu bekommen.

„Egal was ich mache, es bringt ja sowieso nichts." Das ist auch fehlendes Selbstwertgefühl. Du arbeitest hart mit angezogener Handbremse.

Dann ist es, auch bei Maschinen, so, dass sie durchbrennen. Wir sind aber Lebewesen und keine Maschinen (selbst Maschinen müssen gewartet und gepflegt werden). Wenn wir uns und unsere Gesundheit (Körper, Geist und Seele) nicht warten und pflegen, brennt bei uns sozusagen auch etwas durch.

Bist du müde, dann frage dich, will mein Körper und meine Seele jetzt Ruhe?

Klar, auf Arbeit kannst du dich nicht hinlegen, aber mindestens tief durchatmen und ggf. auch etwas langsamer zu arbeiten, ist wichtig. Denn, wenn du müde bist, lässt die Konzentration nach und Fehler schleichen sich schneller ein. Das ist eigentlich auch klar, oder?

Wenn du müde und zu Hause bist, dann lege dich hin, gib deinem Körper und deiner Seele Ruhe, denn es gibt kein Maß, wie oft und wie lange ein Mensch dies braucht.

Kein anderer Mensch kann es dir vorschreiben, du hast deinen eigenen Rhythmus! In der Ruhe kommen ggf. auch neue gute Ideen oder Lösungen von Problemen, Kreativität usw.

Die Müdigkeit kann auch Erschöpfung bedeuten. Will dein Körper, Seele und Geist eine größere Pause und wenn ja, von was?

Vielleicht sogar von deiner Umgebung, Pause von den dich umgebenden Menschen oder sollte es sogar eine andere Arbeit sein?

Wollen wir nun das Hamsterrad endlich etwas bremsen?

Selbst nach einem Urlaub ist alles spätestens nach einer Woche im Alltag schnell wieder wie vorher und das Hamsterrad dreht sich unermüdlich weiter und immer schneller.

Immer schneller, höher, weiter in unserem Leben – wo soll das hinführen?

Wir Menschen sind, auch wenn wir uns immer neu anpassen, nicht in der Lage den Geschwindigkeiten von Entwicklungen unbeschadet so schnell zu folgen.

Neue Entwicklungen sind Fluch und Segen zugleich. Das richtige Maß der Anpassung ist hier sehr wichtig.

Du willst perfekt sein, perfekt gibt es aber nicht, glaube mir.

Du brauchst dringend wieder ein Gefühl dafür, wann deine Grenze erreicht ist und du rechtzeitig vorher einen Gang zurückschalten müsstest.

Dein Körper sagt es dir, du kannst und musst nur darauf achten. Nur so wirst du wieder täglich mehr Lebensfreude bekommen.

Ein gesundes Maß zwischen Ruhe und Forderung zu finden, ist eine Herausforderung. Ebenso ist es oft schwer, sich selbst so anzunehmen, wie man eben ist.

Dabei ist gerade das so wichtig, denn es gibt immer negatives und positives, niemand ist perfekt und du musst es auch nicht sein.

Schreib dir vielleicht einen Plan, eine Liste, was du unbedingt erledigen musst und schaffe somit Prioritäten. Denn wenn du krank bist, kannst du vieles auch nicht erledigen.

Beobachte das Grün vor dem Haus (wenn du sehr krank bist und nicht hinaus kannst, dann auch durch das Fenster schauen), geh in die Natur spazieren, wandern, Rad fahren oder joggen oder was dir Freude macht.

Ja, du darfst dich freuen bei deinen Aktivitäten. Atme tief ein und aus. Besonders in der Natur, im Wald, ist das Atmen durch die vielen Aerosole gesund.

Das Grün wirkt entkrampfend für Körper, Geist und Seele. Lass Gefühle und Emotionen zu, lache und weine.

Wenn du müde bist, zeigt dir dein Körper damit etwas, nämlich, dass er echt Ruhe braucht.

Vielleicht will (und muss) dein Körper eine bevorstehende Erkältung und Viren abwehren. Die Bekämpfung durch seine Selbstheilungskräfte, bevor die Erkrankung ausbricht, ist auch anstrengend für den Körper und bedarf der Schonung. Dieser Aspekt wird generell noch zu sehr unterschätzt. Wir erlauben es uns im stressigen Alltag nicht, denn das würde Schwäche bedeuten und wir wollen doch alle immer so „gut drauf sein", stimmt es?

Lass deinem Körper Zeit, wenn er müde ist, denn er arbeitet unentwegt für dich und regeneriert sich ganz im Hintergrund. Ja, wir haben echt verlernt, auf diese ganzen Signale unseres Körpers zu achten.

Nimm Müdigkeit ernst und pusche dich nicht mit Kaffee auf. Auf Arbeit kannst du dich ja kaum hinlegen, aber arbeite etwas langsamer und atme tief durch, wenn es nicht anders für den Moment geht.

Wenn du dich gerade allgemein sehr schlapp fühlst, dann beginne einen Spaziergang ganz langsam und steigere es so, wie dein Körper sich gut dabei fühlt.

Gesunde Ernährung spielt auch eine Rolle, aber gönne dir immer wieder auch etwas. In der Ayurveda-Küche beispielsweise verwendet man jede Geschmacksrichtung, auch Süßes ist erlaubt. Wir kaufen teure Küchen und essen Billigfleisch! Wo ist hier der Fehler?

Wir haben nur einen Körper. Also ist es auch wichtig, was wir essen, welche Qualität und in welcher Zeit, ob mit Ruhe oder ob wir das Essen schnell hinunter „schlingen".

Schlafstörungen
und welchen Sinn sie haben können

Erst wenn der Körper und alle Muskeln einen bestimmten Entspannungswert haben, kann man einschlafen. Wenn dein Nervensystem jedoch überreizt ist, wie soll dann dein Körper mit all den Muskeln zur Ruhe kommen und schlafen können. Du bist im Alarmzustand, dein Nervensystem ist es wahrscheinlich.

Wenn dich Sorgen plagen, kannst du nicht zur Ruhe kommen. Warum kann ich nicht einschlafen? Warum kommen nachts die besten Einfälle oder warum liege ich nachts wach und es sind die Gedankenkreisel, die nicht aufhören wollen. Der Körper kommt zwar im Liegen etwas zur Ruhe, der Blutdruck senkt sich usw. Das Gehirn braucht aber immer Arbeit, so scheint es. Das Gehirn kommt im Liegen nicht so schnell zur Ruhe, denn es hat nun nicht mehr so viele Aufgaben, welche mit Bewegungsabläufen und bestimmten Handlungen des Körpers zu tun haben, und so kreisen und kreisen und kreisen die Gedanken. Der Tag wird verarbeitet und auch deine Situation. Vielleicht wollen auch tief in dir verwurzelte Probleme endlich gelöst werden. Also hat am Ende die Schlafstörung einen Sinn, den du erkunden kannst.

Wenn die letzte Mahlzeit 2 Stunden her ist und möglichst nicht zu viel Rohkost enthält, hat man gute Chancen zum Einschlafen, sagt man (denn der Körper hat nun auch diese Verdauungsaufgabe bewältigt). Aber das mit den Ressourcen, die nun frei werden und den Geist (die Gedankenkreisel) zur Grübelei einladen, ist nun ein Widerspruch. Denn nach neusten wissenschaftlichen Erkenntnissen gibt es sogar das Bauchgehirn.

Es ist also alles kompliziert, aber auch interessant. Wichtig ist aber, sich in Sicherheit zu fühlen.

Wenn ich mir selbst vermitteln und mich auch davon überzeugen kann, dass ich in Sicherheit bin, findet auch mein Nervensystem zur Ruhe. So gelingt mir in letzter Zeit das Einschlafen und Wiedereinschlafen nachts ganz gut. Alles soll so sein und hat seine Richtigkeit.

Das Umherwälzen lässt Magensäurerückfluss leichter entstehen, besonders bei den Menschen, die darunter leiden. Hier hilft, mit etwas erhöhtem Oberkörper zu liegen. Den Raum sollte man gut abdunkeln.

Aber nicht nur Magen und Darm müssen vor Schlafbeginn ruhiger werden, die Gedanken auch. Deshalb wird immer wieder empfohlen, schöngeistige, nicht aufregende Tätigkeiten auszuüben und auf TV, Smartphone, E-Mail-Check usw. zu verzichten, mindestens 1 Stunde vor gewünschtem Schlafbeginn. Das Licht dieser Geräte und natürlich die teils aufregenden Mitteilungen, die man nicht verpassen möchte, verhindern das Einschlafen.

Ich muss mir außerdem eine gute Schlafumgebung, also Schlafgeborgenheit oder eine Wohlfühlzone, schaffen, denn Körper und Geist wollen sonst nicht zur Ruhe kommen. Das ist uns theoretisch eigentlich alles klar, aber oft so schwer umzusetzen. Manchmal hilft es, das Bett ein klein wenig im

Raum zu verrücken, man kann dies einfach ausprobieren und erzielt Erfolge, ich wollte es auch nicht glauben. Sich selbst gut zureden hilft auch, sich selbst beruhigen und den Gedanken vermitteln, dass alles in Ordnung ist, dass man in den Schlaf gehen darf. Es klingt nach Hokus Pokus, ist es aber nicht: Ausatmen und dann tiefes Ein- und Ausatmen lassen dich zur Ruhe kommen. Probleme wälzen kannst du auch am nächsten Tag, sagte ich mir, und manchmal kommt die Lösung oft tatsächlich am nächsten Morgen.

Auch hier ist das innere Kind in uns, denn auch wir Erwachsenen brauchen Sicherheitsgefühl und Geborgenheit, um zur Ruhe und damit auch zum Einschlafen zu kommen.

Kleine Tipps zum besseren Einschlafen oder Wiedereinschlafen sind auch: Atme tief ein und aus und zieh sanft die Schultern runter, so kannst du auch noch freier atmen. Wärme lockert Verspannungen und gibt Geborgenheit.

Durch die Entspannung lockern sich die Muskeln und du kannst schneller einschlafen. Eine Tasse warme Gewürzmilch, entweder nur mit Honig oder eben auch mit Gewürzen, wie Zimt, Kardamom, oder was dir schmeckt, tun gut.
Wenn dein Geist mit Grübeleien immer wieder nervt, hilft eine kurze Ansprache: „Ruhe jetzt", klingt lustig, und auch lachen entspannt.

Traurigkeit

Vorab: bei tiefer Trauer und tiefem Trauma solltest du den Weg zu einem Therapeuten nicht scheuen. Dazu kann und will ich dir nicht ab- oder zuraten. Das steht mir nicht zu. Hier geht es mir um die Traurigkeit, nicht die tiefe Trauer.

Dennoch: Es trennt sich in deinem Freundes- und Bekanntenkreis spätestens die Spreu vom Weizen, wenn du eine Krise hast und wenn du traurig bist.
Wer dir gut tut und wer nicht, bemerkst du dann sehr gut. Wer dein „Nein" nicht akzeptiert und dich nicht respektiert, weil du dich zurückziehen und trauern möchtest, der ist es auch nicht wert, in deinem näheren Umfeld zu sein. Deren Ratschläge sind nicht immer gut für dich. „Hab dich nicht so" und „eine Mutter geht nun mal" hab ich mir selbst auch anhören oder lesen müssen. Das ist doch unglaublich. Vor allem dann, wenn man diese Mitmenschen geschätzt hat, Verwandte. Da siehst du, wer es wirklich gut mit dir meint und wer nicht.

Auch hier bist du nicht allein. Es gibt einen Weg. Dieser Weg ist vielleicht nur sehr schmal, mehr ein Trampelpfad oder nur niedergetretenes Gras, aber es wird ein Weg, auch aus der Trauer heraus. Habe Hoffnung! Bald bist du wieder auf dem breiten Weg, auf der Hauptstraße des Lebens.

Gib dir die Zeit, die du brauchst und beachte nicht, was dir andere vorschreiben wollen, wie lange es zu dauern hat.

Ein verletztes Bein braucht auch seine Zeit zum Heilen. So ist es auch mit Schmerz und Traurigkeit deiner Seele. Überlege, was kann ich noch tun, noch ändern, um meinen Zustand zu verbessern.

Weine (ja, auch Männer dürfen weinen!) so lange, bis keine Träne mehr da ist. Lass dich aber auch nicht hängen und versinke nicht zu tief in der Trauer.

Wenn du merkst, dass dich weinen zu sehr erschöpft, versuche eine Pause zu machen, die Pausen werden immer größer, du wirst es sehen. Auch bei mir hat es geklappt. Was habe ich alles Gutes um mich, wer und was kann evtl. helfen und trösten. Hilft Akzeptanz jetzt schon oder bin ich noch nicht so weit? Was kann ich dennoch tun, ändern im Denken vornehmen?

Geh in deinem eigenen Rhythmus, deine Zeit. Wenn andere sagen, du musst wieder raus, höre nicht auf sie, es ist deine Sache, du bestimmst das.

Du allein fühlst es und du allein entscheidest darüber, wann und wie du wieder „unter die Leute willst", also rausgehen willst und andere treffen.

Körperpflege ist wichtig, das wissen wir alle, aber Duschen zum Beispiel tut auch der Seele gut und spült Stresshormone von der Haut (die Haut ist auch ein Ausscheidungsorgan).

Außerdem ist das warme Wasser wärmend für die Seele. Kaltes Wasser am Ende des Duschvorganges bringt dich vielleicht zum Kichern, der erste kleine Weg aus der traurigsten Phase.

Überlege, was kann dir im Moment helfen, was später. Wie geht es anderen? Wie haben es andere in genau meiner Situation durchlebt? Suche dir ggf. eine Selbsthilfegruppe, versuche es und spüre und fühle, ob dir das gut tut.

Aber bedenke auch hier, dass jeder Mensch anders ist und unterschiedlich reagiert und umgeht mit Kummer. Lass dich nicht überreden und „überrumpeln".

Einsamkeit

Du bist nicht allein. Allein, ja vielleicht, aber nicht unbedingt einsam!

Einsam und allein sein sind zwei verschiedene Dinge.

Brauche ich einen Menschen an meiner Seite, einen Seelenpartner?

Jein!

Ich behaupte, dass ich in Momenten, in denen ich mit mir im Reinen bin, mich nicht einsam oder allein fühle. Ich meine hier nicht den Flow, in welchem ich aktiv arbeite oder mich aktiv beschäftige. Ich meine erst recht nicht die Ablenkung mittels TV, Smartphone etc. Es kann sogar auch in ruhigen Momenten sein, dass ich mit mir im Reinen bin.

Auch eine kurze Zeit des Alleinseins bringt Erholung oder neue Erkenntnisse für dich und über dich selbst. Du kannst dir über manches klar werden. Ich kann allein sein und muss dabei nicht unbedingt einsam sein.

Ruhe ich sozusagen in mir, kann ich mich zu jeder Zeit geborgen fühlen und bin dennoch nicht einsam. Dabei ist es aber nicht hilfreich, Alleinsein durch ständige Reizüberflutung, wie dem Fernseher oder ähnlichem, auszugleichen.

Allein zu sein hat auch Vorteile. „Ich kann machen was ich will, auf dem Sofa in alten Klamotten fläzen" wirst du jetzt aufzählen und du findest sicher noch weitere Dinge.

Klar, keiner ist auf Dauer gern allein, wir Menschen sind Gesellschaftswesen. Einsam sind wir aber auch unter vielen Menschen, wie zum Beispiel einsam durch Handyblick, wenn unterwegs alle auf ihr Handy starren und nur wenige schauen um sich.

Dadurch verpasst man viele schöne Momente in seinem Leben.

Einsam kann man aber auch sein, wenn man mit jemandem gemeinsam auf dem Sofa sitzt oder mit vielen Leuten im Cafè sitzt.

Warum - **weil du dich nicht verstanden und / oder nicht wahrgenommen fühlst!**

Deine Daseinsberechtigung fehlt, ohne, dass du es ahnst oder weißt.

Ganz einfach! Wir wollen verstanden werden von anderen, dabei verstehen wir uns selbst oft nicht. Das geht dir bestimmt genauso.

Die fehlende **Daseinsberechtigung**, denke ich, ist der Schlüssel zur gefühlten Einsamkeit. Ich fühle mich einsam, es ist ein Gefühl. Die Daseinsberechtigung wird in der Kindheit angelegt. Unser inneres Kind meldet sich hier wieder.

Daseinsberechtigung und das Wahrgenommen werden können andere dir in deiner Kindheit gegeben haben, wenn nicht, musst du dir selbst eine Daseinsberechtigung als Erwachsener liebevoll erlauben, dich selbst verstehen lernen!!! Du bist gut, wie du bist und es ist schön, dass du auf der Welt bist, egal, ob du jetzt gerade Leistungen vollbringst.

Du bist nicht allein. Dein Körper, Geist und Seele, aus welchem du bestehst, sind schon drei Anteile in dir. Dein inneres Kind ist der vierte Anteil und dein innerer Kritiker ist der fünfte. Das schenkt dir sicher jetzt ein Lächeln, aber es ist doch so: es fühlt sich zumindest besser an, als sich einsam zu fühlen.
Einsamkeit ist ein Gefühl, aber nicht unbedingt die Wahrheit. Und ich sage mir immer, es gibt noch einen weiteren Anteil, das „Ich", was alle anderen Anteile in mir im Zaum halten kann, sozusagen das letzte Wort spricht.

Vielleicht ist es auch der Verstand (vom Geist), der dann also sagt, *„jetzt Ruhe"*, das hilft dann, einen klaren Kopf zu behalten und die Situation realistisch zu betrachten. Änderung der Denkweise verändert auch das Wohlgefühl und damit auch das

Wohlbefinden. Also du bist durch deine inneren Anteile schon mal nicht allein. Das klingt jetzt sicher absurd, aber es tröstet etwas. Es ist keine Zauberei und nicht esoterisch.

Du kannst jetzt darüber lachen, dann lache, lachen tut gut und ist gesund (wissenschaftlich belegt).

Aber auch du hast sicher innere Stimmen gehört, zum Beispiel bei Fragen die du dir stellst, wie: *„Soll ich den Job annehmen?"*, *„Nein"*, sagte die eine Stimme in dir, *„Ja"*, die andere.

Aber mal ehrlich, du fühlst dich einsam? Warum fühlst du dich einsam? Es ist ein Gefühl, es ist nicht unbedingt die Wahrheit.

Einsamkeit kann ein Problem sein. Natürlich ist nicht jeder, der allein lebt auch einsam und zeitweise tut Einsamkeit auch gut, um zu sich zu kommen.

Selbst in einer Partnerschaft traut man sich nach einigen Jahren oft auch nicht mehr, wichtiges anzusprechen. Manche tragen auch Probleme mit sich herum und die Gedanken kreisen immer wieder und es tut dann gut, zu reden oder sich auszutauschen.

Ich komme nochmals zurück zu deinen inneren Anteilen, aus denen du bestehst, wie Körper, Geist und Seele: Magst du deinen Körper, so wie er ist, kannst du ihn so annehmen? Sei ehrlich!

Verstehst du deine Seele, deine Gefühle? Wenn ich mich verstehe, auch meine negativen Gefühle akzeptiere und annehmen kann, also ganz bei mir bin und sozusagen in mir ruhe, fühle ich mich nicht einsam.

Und nochmals: Einsam kann man auch sein, wenn man mit jemandem gemeinsam auf dem Sofa sitzt.

Warum - **weil du dich nicht verstanden und / oder nicht wahrgenommen fühlst! Deine Daseinsberechtigung fehlt.**

Diese kannst und musst du dir jetzt als Erwachsener geben. Sei dir selbst ein guter Freund. Wie würdest du denn einen guten Freund behandeln? Überlege es einmal und du kommst sicher zu dem gleichen Ergebnis: mit Güte und Nachsicht würdest du einen echten Freund annehmen!
Ganz einfach! Wir wollen verstanden werden von anderen, dabei verstehen wir uns selbst und unsere Gefühle nicht. Wir nehmen unseren Körper nicht an, sondern werten ihn ab (angeblich zu dick und nicht schön genug, dabei leistet er so viel für uns).
Ich denke, dass gerade diese Fakten einsam machen! Deshalb ist Selbstannahme so wichtig! Sei du dir dein bester Freund und gib dir, was du von Herzen brauchst. Selbstliebe wollen viele nicht hören, aber sagen wir mal Selbstannahme, also sich selbst der beste Freund sein, sich so annehmen und verstehen (lernen), wie und warum man ist, wie man ist! Denk einmal darüber nach.

Angst

Habe ich überhöhte Angst
oder ist es „normale" Angst?

Angst ist generell nicht negativ, sie ist sogar wichtig, sie kann schützen.

Wie wir auf Angst reagieren, hat verschiedene Formen, wie Schockstarre, Flucht oder Kampf. Diese Reaktionsmöglichkeiten sind dem Menschen angeboren.

Angst hat auch sehr viel mit dem Selbstwert zu tun. Wer ein hohes Selbstwertgefühl hat, den haut so leicht nichts um, den Widrigkeiten begegnet man leichter.

Aber hier geht es um die Angst und den Weg heraus.

Manchmal wissen wir nicht, dass es Angst ist, was uns behindert im Alltag, denn oftmals kann man seinen Gefühlszustand nicht deuten. Ist es Traurigkeit, ist es Angst, bin ich nur leicht verstimmt, bin ich deprimiert oder ist es nichts von Bedeutung und vergeht schnell wieder? Steckt hinter jedem Gefühlszustand etwas, was einen bewegt? Muss ich dem immer nachgehen, nachforschen?

Es gibt viele Arten von Angst: Überlebensangst, Versagensangst, z. B. Lampenfieber vor einer Prüfung oder Auftritt vor Publikum, Verlustangst, hier also Angst, den Partner zu verlieren, die Kinder oder nahe Angehörige und Freunde, dann die Verlustangst, den Arbeitsplatz zu verlieren, finanzielle Not zu erleiden, Angst vor Tieren, wie Spinnen etc.

Angst und Stress sind eng miteinander verknüpft. Angst ist ja auch Stress für den Körper. Unter Stress, so sagen

Neurowissenschaftler, ist das Gehirn mit eben dieser Angst beschäftigt und hat nicht mehr genügend Potenzial, wirkliche Denkaufgaben zu bewältigen. Wir sind nicht mehr voll leistungsfähig für andere Aufgaben. Das ist meines Erachtens logisch. Ist das Gehirn und damit auch der von ihm gesteuerte Körper mit Angstabwehr zum Schutz des eigenen Lebens beschäftigt, was früher zum Beispiel für die im Wald lebenden Menschen überlebenswichtig war aufgrund wilder Tiere, kann der Geist und Körper keine Rechenaufgaben lösen.

Das begreifen heutzutage noch immer manche Arbeitgeber nicht. Existenzangst und Versagensangst, auch aufgrund von Mobbing oder Sorge wegen drohendem Verlust des Arbeitsplatzes, schlechte Entlohnung, bei der ich nicht weiß, wie ich mich und die Familie monatlich versorgen soll, schlechtes und abwertendes Klima im Team, ungerechte Bezahlung bei gleichwertiger Arbeit usw. führt nicht zu guten Arbeitsergebnissen. Auch das hat die Wissenschaft schon belegt. Heute haben wir Angst, oft diffuse, unerklärliche Ängste. Auch Angst vor der Angst.

So war es bei mir mit Migräne. Man hat zunächst starke Schmerzen am ganzen Körper, nicht nur im Kopf, und starke Übelkeit und kann nur noch liegen. Manchmal quält man sich auf Arbeit aus Angst um den Arbeitsplatz und aus Versagensangst, man will nicht schon wieder ausfallen und den Kollegen Mehrarbeit zumuten. Aber der Körper kann auf Dauer diese massive Überlastung nicht regenerieren und es kommen weitere

Erkrankungssymptome hinzu, wie Erschöpfung und permanente Müdigkeit. So hat man Angst vor dem nächsten Anfall. Dann tritt schnell Angst vor der Angst ein.

Spätestens wenn die Angst lähmt, ist es an der Zeit, etwas zu unternehmen dagegen.

Überlege deshalb, wie real deine Angst ist.

Bei konkreten Ereignissen, stelle dir Fragen, wie: Ist das Ereignis eine akute, unmittelbare Bedrohung für mich (und meine Angehörigen)? Wenn Nachrichten von Krieg und Terror uns erreichen, frage dich, bin ich überhaupt selbst bedroht und in welchem Maße oder habe ich Angst, dass dies auch bei mir geschehen könnte. Was kann ich jetzt tun, um ein Ereignis, eine Gefahr abzuwehren oder zu vermeiden, umsichtiger zu sein, wie durch bestimmte Schutzmaßnahmen etc.?

Angst will uns schützen, aber Überangst lähmt (auch das Gehirn, welches dann keine Lösungen finden kann), das ist Schockstarre.

Es ist gut, umsichtiger zu sein, aber Angst darf nicht lähmen.

Was ist meine größte Angst, wie realistisch ist es, dass dies überhaupt eintritt und was ist das Schlimmste, was mir damit passieren kann? Welche Folgen bestehen für mich?

Und frage dich auch, welche positiven Seiten die Situation hat. Das gelingt nicht sofort bei Panik, das ist klar. Aber es gibt meistens zwei Seiten. Frage dich zum Beispiel bei Angst vor

Verlust des Arbeitsplatzes oder bei Problemen auf Arbeit: genügt ein klärendes Gespräch mit Kollegen oder dem Chef?

Wenn ich die Arbeit tatsächlich verlieren würde, kann ich eine Fortbildung machen, um mehr Chancen zu haben? Gefällt mir die Arbeit überhaupt noch und ist es vielleicht sogar eine Chance, meinen lang ersehnten Wunschjob auszuüben, zu erlernen? Wenn ich dann nur noch Arbeitslosengeld zur Verfügung hätte, was ja weniger als mein Einkommen ist, wie kann ich dann eventuell Ausgaben sparen, die ich jetzt tätige? Suche konkrete Lösungen und du wirst sehen, ganz so schlimm kommt es dann meist doch nicht. Zumindest ist das Gehirn beschäftigt, Lösungen zu suchen, anstatt in Grübeleien in Endlosschleife zu verharren.

Bei Verlustangst überlege, woher die Angst kommt. Ist sie aus Kindertagen, Angst, nicht angenommen und geliebt zu werden? Wenn du Angst hast, vor mehreren Menschen zu sprechen und du bist beauftragt, ein Thema im Meeting vorzutragen, dann kannst du üben, den Text immer wieder lesen und dich vorbereiten, um somit sicherer zu sein, denn du kannst es besser mit entsprechender Vorbereitung.

Angst trifft alle Bereiche unseres Lebens, auch Burnout geht aus ihr hervor (Versagensängste), Schlafstörung ist ein Symptom, Stress (Stress ist ja auch Angst).

Beschäftige dich mit diesem Thema, damit dich die Angst nicht ohnmächtig macht. Ohnmacht sagt schon „ohne Macht", du bist selbst nicht in der Lage, zu handeln. So weit kommt es nicht, wenn du anfängst, mit Fühlen und den richtigen Gedanken des klaren Verstandes.

Was ist real an dieser Sorge oder Angst, welche Gefahr ist tatsächlich jetzt oder in naher Zukunft und was kann ich tun.

Die Reizüberflutung durch täglich zigtausend Informationen, besonders auch die Negativmeldungen aus den Nachrichten verstärken ein allgemeines Angst- und Unsicherheitsgefühl. Verringere deine tägliche Nachrichtenflut. Die Nachrichten von heute werden morgen meist schon überholt von neuen, wieder schlimmen Mitteilungen. Wir müssen lernen, es wohl dosiert zu nutzen.

Bleib einen Moment ruhig, die Welt dreht sich trotzdem weiter, stimmts?!

Ich habe einmal an einem Wochenende fast stündlich Nachrichten geschaut und war abends fix und fertig. Vor allem die Bilder bleiben im Kopf hängen und du bekommst sie nicht so schnell wieder heraus. Dann dachte ich mir, dass ich im Urlaub auch selten Nachrichten ansehe und überlegte, wie ich mich dabei fühle. Ja, es geht mir wesentlich besser und ich bin entspannter, nicht nur durch den urlaubsbedingten Ortswechsel. Nein, auch durch die Art und Weise, wie ich die Urlaubstage verbringe, warum also nicht im Alltag auch ein bisschen davon übernehmen, was hält mich davon ab? Kümmere dich um deine konkreten Sachen, die für dich und dein nahes Umfeld wichtig sind und da sind oft genug Sachverhalte zu klären und der Alltag zu bewältigen und du bist genug ausgelastet. Klar, man soll die

Augen nicht verschließen vor dem, was in der Welt geschieht. Aber, deine Gesundheit ist auch wichtig und reduziere deshalb die Nachrichten. Ändert sich bei dir konkret etwas? Nein, meist nicht. Am Ende kennst du auch nicht einmal den Wahrheitsgehalt dieser Nachricht. Selbst das kann am nächsten Tag ganz anders dargestellt werden.

Du kannst vieles auf der Welt nicht verhindern, also musst du auch nicht jede Schreckensmeldung in dich aufnehmen, die morgen schon durch eine neue Schreckensmeldung überholt werden kann.

Überlege, was dies mit deinem Geist und deiner Seele macht. Ob du etwas weniger von diesen Nachrichten siehst oder hörst, ändert nichts am Weltgeschehen, wohl aber an deiner Gesundheit.

Viele psychische Erkrankungen, Angststörungen und Panikattacken gehen auf das Konto dieser Reizüberflutung.

Die Krankenkassen haben sich diese Themen, wie psychische Gesundheit, immer mehr auf die Fahnen geschrieben, weil die Kosten durch Krankschreibung und Medikamente zu hoch werden. Noch vor Jahren wurde das ignoriert, doch jetzt landet es im Fokus der Kassen.

Also überlege dir gut, was du aufnimmst und welche Gefühle und Gedanken es in dir auslöst. Nicht immer ist es Angst oder Sorge. Wenn du weinen musst, dann weine. Auch das kann helfen und danach siehst du vieles klarer.

Vielleicht bist du auch nur erschöpft. Um dies herauszufinden hilft nur Ruhe, um sich klar zu werden, was dahintersteckt und ob die Angst tatsächlich vorhanden ist und die Ursache dafür.

Nutze auch hier die Natur, sieh aus dem Fenster oder gehe spazieren. Beobachte Bäume und Tiere. Das stellt meist wieder ein Gleichgewicht in unserem Inneren her. Sprich mit dir Vertrauten darüber, aber nur mit solchen Menschen, die dich ernst nehmen und deine Sorgen nicht als Kleinigkeit abtun.

Oft hilft auch die Akzeptanz. Du kannst manches nicht vermeiden, das Leben bringt halt auch Gefahren mit sich. Eine hundertprozentige Sicherheit gibt es nirgends.

Wichtig ist: du bist nicht allein. Ein Lösungssuchen ist immer noch besser als Verharren in der Angst und panischem Überreagieren und unsinnigem Handeln. Also klaren Kopf bewahren, tief atmen und erst einmal überlegen, was im Moment wirklich sinnvoll zu tun ist oder ob überhaupt etwas zu tun ist.

Ich könnte toben, wenn ich dürfte – Wut

**Wie kann ich die Wut ausleben,
ohne jemandem zu schaden**

Hast du Wut? Oder Trauer, Verzweiflung, Hilflosigkeit, Ohnmacht? Fühlst du eine Ungerechtigkeit? Wie gehst du mit deinem Frust um, deinem Ärger? Frisst du es in dich hinein oder was ist deine Lösung?

Manchmal fühlt man sich nicht wohl, ist geknickt. Man weiß selbst nicht, was los ist und was mit einem ist. Ist man traurig? Hat man Wut, Angst, Ohnmacht (man ist also ohne Macht, etwas zu sagen oder gar zu ändern an einer Situation)? Was ist eigentlich los mit mir? Ist das normal?

Es ist oft nicht leicht, erst einmal festzustellen, ob „etwas ist" und wenn ja, was da nicht stimmig ist.

Viele von uns lernen bereits als Kind, dass man keine Wut haben und diese auch nicht ausleben, nicht rauslassen sollte.

Lange Zeit habe ich Wut als etwas, was man nicht haben darf, abgetan. Erst recht ein Mädchen darf seine Wut nie zeigen, wurde uns eingeredet. Wut darf ich nicht haben, irgendetwas stimmt dann nicht mit mir, hat sich als Gedanke fest in meinem Inneren verankert.

Wut auf sich selbst geht da schon eher, man ist ja sowieso nichts wert. So oder ähnlich kennt man es aus der Kindheit. Unsere Eltern haben dies aber nicht mit Absicht an uns weitergegeben, sie kannten es nicht anders, sie hatten es selbst so übernommen von ihren Eltern und so weiter.

Die Wut in sich zu behalten und nicht ausleben zu dürfen, kann zu Krankheiten führen, mindestens aber zu Unwohlsein. Das wissen wir heute. Es führt zu Stagnation im Inneren und so manche Blockade im alltäglichen Leben ist auf angestaute Wut zurückzuführen. Das habe ich bei mir selbst erlebt. Und auch das Heulen ist oft Zeichen von Wut und Hilflosigkeit, Ohnmacht. Denn Wut bedeutet, ohne Macht zu sein, oft von außen bestimmt, so wie als Kleinkind, wenn man etwas nicht bekommt und bockig ist. Bockig darf man ja nicht sein, das ziemt sich nicht, wurde uns gesagt. Also verdrängen wir die Wut, das Ohne-Macht-Sein.

Den Partner darf ich nicht anbrüllen, er kann nichts dafür. Die Kollegen soll ich nicht beschimpfen, sie können nichts dafür. Es hat auch sehr viel mit Selbstwert zu tun, ob ich meine Meinung sagen kann oder nicht und sich dies dann in Wut in mir verfestigt. Teilweise habe ich dann Wut auf mich selbst, warum ich zu feige bin und nicht den Mut habe, meine Meinung ehrlich zu sagen. Also, du siehst, wie wichtig ein gesundes, ehrliches Selbstwertgefühl ist. Es zieht sich durch das Leben wie ein roter Faden. Ich kenne meinen Wert, ist ja die eigentliche Aussagekraft von Selbstwertgefühl und Selbstbewusstsein, also, dass ich mir und meinem Wert liebevoll bewusst bin, ohne mich überzubewerten.

Wie geben wir es an unsere Kinder weiter, das mit dem Wutausleben?

Das ist nicht einfach, auch die Trotzphase des Kleinkindes kann einem schon viel abverlangen und nervenaufreibend sein. Wenn sich das Kind im Supermarkt bockig vor die Kasse hinlegt aus Wut, nicht das zu bekommen, was es möchte, wer bleibt dann immer gelassen und locker als Mutter oder Vater?

Es ist ein Zwiespalt, was muss oder sollte ein Kind, wie weit können Eltern ein Kind zwingen, auch wenn es gut gemeint ist. Das Kind kann anders ganz gut leben später. Es ist schwer am Grat entlang zu laufen von Sollen und Wollen. Eine antiautoritäre Erziehung ist ja auch mit Tücken versehen.

Was ist richtig oder falsch? Was tut dem Kind gut, was schadet ihm. Erziehung ist eine große Herausforderung und Stress im Alltag macht alles kompliziert.

Wie also die Wut ausleben, ohne jemandem zu schaden? Das ist wichtig: Andere dürfen durch unser Handeln niemals Schaden erleiden.

Manchmal hilft Heulen. Ich weiß, dass dies viele nicht hören wollen. Aber es gibt diese Wutтränen, nicht nur in Zeiten der

Trauer. Wenn es dir so ist, dann heule. Nach dem Heulen sieht man vieles klarer. Und: auch Männer dürfen heulen. Ich sage hier „heule" statt „weine", denn „weine" will wieder keiner hören (das erinnert dann wieder an Weichei), obwohl wir alle Weicheier sind, denn wir sind alle, mit Gefühl ausgestattet, auf die Welt gekommen.

Wenn es dir hilft, zerknüll oder zerreiße altes Papier (das hat mir sehr gut geholfen), hau auf ein Kopfkissen, brülle mal einfach vor dich hin, wenn du allein bist, heule, wenn der Schmerz da ist, lass es raus. Mach Sport im Freien, die Natur beruhigt dich zusätzlich. Aber niemals darfst du anderen damit schaden!

Du willst nicht angebrüllt oder verletzt werden, auch dann nicht, wenn du Härte gewohnt bist von früher oder in deinem jetzigen Umfeld, von anderen Menschen ausgehend. Wir sind Menschen oder Lebewesen, die nichts dafürkönnen, dass du stark verletzt, gedemütigt oder ungerecht behandelt worden bist.

Sorge auch du mit dafür, dass es keinen Hass und keine Gewalt gibt, denn nur ein gutes Miteinanderumgehen ist ein lebenswertes Leben, auch für dich!

Deshalb frage dich, was sind deine weiteren Bedürfnisse? Deine Meinung sagen, ja gut, aber bitte gewalt- und hassfrei und somit im Rahmen der normalen zwischenmenschlichen Kommunikation. Das finde ich äußerst wichtig.

Wie streiten wir miteinander? Ist Mobbing ein Thema bei dir auf Arbeit? Auch Mobbing stammt übrigens aus Wut, aus nicht verarbeiteter Demütigung des Mobbers, der das dann an andere weitergibt.
Diskutieren wir in ruhiger Umgebung oder schreien wir uns an? Was bringt am Ende das bessere Ergebnis? Sicher nicht das Herumschreien! Willst du angeschrien werden? Sicher nicht. Behandle andere so, wie du auch behandelt werden willst und lass deine Wut nicht an anderen Menschen oder Lebewesen aus.

Wenn ich innerlich Groll habe oder etwas, das ich nicht genau beschreiben kann, wie eine innere Unruhe vielleicht, dann reicht es auch nicht, zu überlegen, was ich bereits habe, besitze und was ich damit machen kann.

Wenn es Wut ist, oder Trauer oder negative Emotionen und Gefühle, dann habe ich etwas zu viel von dem bekommen oder erlebt, was ich eigentlich nicht will. Der Körper wehrt sich gegen dieses Zuviel und baut dabei eine gewaltige Kraft und Energie auf.

Manche Wut stammt aus Kindertagen und kommt immer wieder hoch und richtet sich noch gegen uns selbst, weil wir mit der vermeintlichen Schwäche nicht handeln konnten, uns nicht wehren konnten. Ich muss aber auch überlegen, ob ich vielleicht zu viel Reizüberflutung durch Mitteilungen, Nachrichten usw. über Smartphone, Tablet oder PC und TV habe. Auch diese schaffen Wut und Ohnmacht, der Inhalt der Nachrichten und auch generell zu lange und zu häufige Nutzung der genannten Technik.

Eine Reizüberflutung führt auch zu Unruhe und kann Wut und weitere negative Emotionen nach sich ziehen.

Wut hat eine enorme Kraft und Energie in sich. Sie muss raus, also ausgelebt werden. Wenn sie sich anstaut, wird sie enorm groß und irgendwann platzt man in einer Situation, die unangemessene ist, man schreit den Partner an, die Kollegen usw. Wut muss also auch ausgelebt werden dürfen, aber so, dass andere Menschen und Lebewesen keinen Schaden dabei erleiden!

Wie kann also die Kraft und Energie der geballten Wut in uns in positive Ergebnisse und für Verbesserungen in unserem Leben gewandelt werden?

Es gibt einfache Methoden, wie Papier zerknüllen oder auf ein Kopfkissen hauen und kurz schreien. Mir hilft manchmal auch frische Luft, also ein Spaziergang.

Manche joggen und lassen ihre angestaute Wut-Energie auch in Fitnessstudios raus. Gut ist auch die Wohnung auszumisten, also mal richtig aufräumen. Danach sieht man ein gutes Ergebnis und das baut dann auch etwas auf und macht bessere Laune.

Aber auch bei Wut muss man sich überlegen, was der Grund dafür ist. Im Moment größter Wut ist das Gehirn aber blockiert, so dass nur körperliche Tätigkeit hilft, wie eben laufen oder Hausarbeit, da die Kraft abgebaut werden muss. Ist dann der Zustand wieder beruhigt, kann man nachdenken, was zur Wut geführt hat.

Sei dabei immer ehrlich zu dir selbst!

Woher kommt die Wut, evtl. aus Kindertagen? Man ist in eine ähnliche Situation der Ungerechtigkeit gelangt, wie sie damals empfunden wurde, und das löst in uns immer wieder Wut und negative Gefühle aus.

Wir sind immer noch Kinder, denn wir sind keine anderen Wesen geworden, nur gewachsen und mit neuen Erfahrungen ausgestattet und nicht alle neuen Erkenntnisse überschreiben die aus der Kindheit. Beobachte dich mal und du wirst es bestätigen. Wir wollen alle groß und erwachsen wirken, aber wenn wir ehrlich zu uns sind, so sind wir doch noch immer Kinder, im Inneren auf jeden Fall.

Es ist alles so ungerecht...

Papier zerknüllen, am Fenster tief einatmen und mir selber sagen, „Ich bin gut", reicht oft nicht.

Fühlst du die Ungerechtigkeit? Was ist Auslöser dafür gewesen? Nicht nur vielleicht, denn das ist sogar ganz sicher, wurdest du in deiner Kindheit mindestens einmal (gefühlt) ungerecht behandelt. Es ist ein Ohnmachtsgefühl, also ein Gefühl, ohne Macht zu sein, und genau das macht hilflos, als Kind und jetzt als Erwachsener fühlst du dich dadurch sehr minderwertig, wenn andere (gefühlt) Macht über dich haben und du nichts ändern kannst, z. B. auf Arbeit.

Aber kannst du nichts ändern? Ist der Job (noch) richtig für dich?

Stelle dir Fragen und überlege auch, was du ändern kannst in deinem Leben, an deinem Zustand. Ganz so hilflos bist du als Erwachsener nicht, nur das innere Kind wird sofort wach, diese Prägung von damals kommt sofort hoch in dir, weil dieses Gefühl der Ohnmacht (Gefühl, ohne Macht zu sein) damals so stark war. Deshalb ist es auch jetzt sofort da, jetzt - im Erwachsenenalter.

Klar, bei so vielen Menschen und so vielen Meinungen wird man immer wieder benachteiligt sein oder sich zumindest so fühlen.

Daraus entsteht Ohnmacht (ohne Macht sein) und auch Wut. Eine gewisse Hilflosigkeit, weil man nichts ändern kann. Aber eine Akzeptanz, dass man die Welt nicht ändern kann, gehört auch zum alltäglichen Leben. Vieles, was wir hören oder sehen und erleben, macht uns fassungslos und ohnmächtig.

Wir richten uns aufgrund von Nachrichten, die uns täglich überfluten können, auch mit unserer Wut und Hilflosigkeit gegen Menschen, die nichts dafürkönnen.
Aber irgendwo muss unsere Wut ja abgelassen werden. Das führt oft zu neuen Ungerechtigkeiten und beseitigt das Hauptproblem nicht und es macht uns auch nicht gesünder, schadet uns eher.

Also du siehst, es gibt immer verschiedene Meinungen und Ansichten und es entstehen täglich immer wieder Ungerechtigkeiten. Wir müssen lernen, die Meinung der anderen zu akzeptieren (z. B. indem wir uns im Inneren einen Halt schaffen, einen Ruhepol, einen Anker - das geht nur mit Selbstachtung, sich selbst der gute Freund zu sein). Wir müssen auch unsere eigene Meinung hinterfragen, überprüfen und nicht stur darauf beharren. Wir sind intelligente Menschen, jeder hat eine Art Intelligenz in sich und die darf auch genutzt werden durch Überprüfen der Fakten, der eigenen Gefühle, des Inneren, unseres Lebens und die Prägung der Kindheit (ob es jetzt noch stimmt, was wir als Kind glauben mussten im Vertrauen).

Die Welt wird immer eine teilweise Ungerechtigkeit beinhalten, manchmal gegen dich gerichtet und manchmal bist du auf der besseren Seite, ich will nicht sagen, Gewinnerseite, obwohl es fast das ist.

Es gibt immer zwei Seiten, vieles ist traurig und macht Angst oder Wut, aber vieles ist auch lustig.

Sei also ehrlich zu dir selbst, immer! Versuche immer auch etwas Gutes in der Situation zu suchen und zu erkennen, denn die gibt es auf jeden Fall.
Manche sieht man nicht auf den ersten Blick und in negativer Emotion ist dieser Blick auch getrübt, ja vernebelt.

Die Welt besteht nicht nur aus uns Menschen, ob wundersam oder nicht, nein, sie besteht aus täglich neuen Erkenntnissen, Ärger, Freude, kleinen und großen Wundern, und immer wieder Neuerfinden, dem Suchen und Finden von sich selbst.

Man verliert sehr schnell den Überblick und keiner erklärt es einem so richtig.

Die Welt dreht sich gefühlt immer schneller, wir kommen kaum noch hinterher und haben so viel bei uns selbst noch nicht kapiert.

Noch immer hungern Millionen Menschen, obwohl wir andernorts Lebensmittel wegwerfen, die teilweise noch essbar wären. Auf der einen Seite ist Überfluss und 10 Käsesorten in den Regalen der Läden, auf der anderen Seite wären Menschen froh, wenn sie wenigstens einen harten Kanten Brot hätten.

Das ist eine Ungerechtigkeit, bei der wir auf der besseren Seite stehen, denn wir müssen nicht hungern. Sind wir dankbar genug dafür? Wir jammern über Dinge, die eigentlich gar keinen Grund für ein schlechtes Leben darstellen. Umdenken hilft auch Selbstzufriedenheit herzustellen.

Denn schimpfen und jammern bringt uns nicht immer weiter, macht unzufrieden und man muss sich fragen, warum.

Wenn nichts mehr geht – Burnout

Burnout-Prävention auf *„sanfte"* Tour, wie geht das? Wie äußert sich Burnout?

Ich denke, wir müssen die Zeit wieder mehr an uns anpassen und wir uns nicht an sie. Das Hamsterrad zu stoppen gilt es, um wieder ein besseres Lebensgefühl zu bekommen.

Burnout kommt schleichend, eventuell sind die ersten Anzeichen eine gefühlte Sinnlosigkeit. „Egal was ich mache, es bringt ja sowieso nichts." Das ist auch fehlendes Selbstwertgefühl. Du arbeitest hart mit angezogener Handbremse. Dann ist es, auch bei Maschinen, so, dass sie durchbrennen. Wir sind aber Lebewesen und keine Maschinen (selbst Maschinen müssen gewartet und gepflegt werden). Wenn wir uns und unsere Gesundheit (Körper, Geist und Seele) nicht warten und pflegen, brennt bei uns sozusagen auch etwas durch.

Bist du müde, dann frage dich, will mein Körper und meine Seele jetzt Ruhe? Klar, auf Arbeit kannst du dich nicht hinlegen, aber mindestens tief durchatmen und ggf. auch etwas langsamer zu arbeiten, ist wichtig. Denn, wenn du müde bist, lässt die Konzentration nach und Fehler schleichen sich schneller ein. Das ist eigentlich auch klar, oder?
Wenn du müde und zu Hause bist, dann lege dich hin, gib deinem Körper und deiner Seele Ruhe, denn es gibt kein Maß, wie oft und wie lange ein Mensch dies braucht.

Kein anderer Mensch kann es dir vorschreiben, du hast deinen eigenen Rhythmus! In der Ruhe kommen ggf. auch neue gute Ideen oder Lösungen von Problemen, Kreativität usw.

Sich selbst so wie man ist wertvoll zu erachten, ist der beste Schutz gegen das Ausbrennen. Das ist leichter gesagt als getan. Nicht nur das Thema Selbstwert auch die anderen Themen Traurigkeit, Schlafstörung usw. finden sich beim Burnout, der Erschöpfung von Körper, Geist und Seele, dem Totalzusammenbruch. Ich will hier auf die anderen vorangegangenen Abschnitte (Themen) nicht noch einmal eingehen, um Wiederholungen zu vermeiden.

Wollen wir nun das Hamsterrad endlich etwas bremsen?

Selbst nach einem Urlaub ist alles spätestens nach einer Woche im Alltag schnell wieder wie vorher und das Hamsterrad dreht sich unermüdlich weiter und immer schneller.

Immer schneller, höher, weiter in unserem Leben – wo soll das hinführen?

Wir Menschen sind, auch wenn wir uns immer neu anpassen, nicht in der Lage den Geschwindigkeiten von Entwicklungen unbeschadet so schnell zu folgen.

Neue Entwicklungen sind Fluch und Segen zugleich. Das richtige Maß der Anpassung ist hier sehr wichtig.

Ich selbst hatte Burnout. Ich habe gearbeitet, hatte kleine Kinder und eine chron. kranke Mutter betreut und später gepflegt und mich selbst nicht wertgeschätzt und da ist Burnout kein Wunder.

Das größte Problem und die Gefahr, Burnout zu erleiden, ist nicht unbedingt die viele Arbeit (teilweise fremdbestimmt), sondern die fehlende Anerkennung. Nicht nur von außen, indem dir immer mehr zugemutet wird und du nicht nein sagen kannst, sondern die Anerkennung, die du dir selbst nicht gibst, ist das schlimmste. Du kannst nicht nein sagen. Du willst perfekt sein, perfekt gibt es aber nicht, glaube mir. Du brauchst dringend wieder ein Gefühl dafür, wann deine Grenze erreicht ist und du rechtzeitig vorher einen Gang zurückschalten müsstest. Dein Körper sagt es dir, du kannst und musst nur darauf achten. Nur so wirst du wieder täglich mehr Lebensfreude bekommen.

Ein gesundes Maß zwischen Ruhe und Forderung zu finden, ist eine Herausforderung. Ebenso ist es oft schwer, sich selbst so anzunehmen, wie man eben ist. Dabei ist gerade das so wichtig, denn es gibt immer negatives und positives, niemand ist perfekt und du musst es auch nicht sein.
Schreib dir vielleicht einen Plan, eine Liste, was du unbedingt erledigen musst und schaffe somit Prioritäten.

Denn, wenn du krank bist, kannst du vieles auch nicht erledigen. Das Hamsterrad ist nur für Hamster da, sonst droht die Abwärtsspirale! Versuche, einfach mal nichts zu tun und nichts zu müssen (zumindest für die nächste halbe Stunde, die Welt dreht sich auch so weiter). Ja, du darfst dich auch mal loben, wer sagt etwas dagegen, wer, frage ich dich?

Beobachte das Grün vor dem Haus, geh in die Natur spazieren, wandern, Rad fahren oder joggen oder was dir Freude macht. Ja, du darfst dich freuen bei deinen Aktivitäten. Atme tief ein und aus. Besonders in der Natur, im Wald, ist das Atmen durch die vielen Aerosole gesund. Das Grün wirkt entkrampfend für Körper, Geist und Seele.

Lass Gefühle und Emotionen zu, lache und weine.

Wenn du müde bist, zeigt dir dein Körper damit etwas, nämlich, dass er echt Ruhe braucht.

Vielleicht will (und muss) dein Körper eine bevorstehende Erkältung und Viren abwehren Die Bekämpfung durch seine Selbstheilungskräfte, bevor die Erkrankung ausbricht, ist auch anstrengend für den Körper und bedarf der Schonung. Dieser Aspekt wird generell noch zu sehr unterschätzt.

Lass deinem Körper Zeit, wenn er müde ist, denn er arbeitet unentwegt für dich und regeneriert sich ganz im Hintergrund. Ja, wir haben echt verlernt, auf diese ganzen Signale unseres Körpers zu achten.

Nimm Müdigkeit ernst und pusche dich nicht mit Kaffee auf. Auf Arbeit kannst du dich ja kaum hinlegen, aber arbeite etwas langsamer und atme tief durch, wenn es nicht anders für den Moment geht.

Wenn du dich gerade allgemein sehr schlapp fühlst, dann beginne einen Spaziergang ganz langsam und steigere es so, wie den Körper sich gut dabei fühlt.

Gesunde Ernährung spielt auch eine Rolle, aber gönne dir immer wieder auch etwas. In der Ayurveda-Küche beispielsweise verwendet man jede Geschmacksrichtung, auch Süßes ist erlaubt.

Wir kaufen teure Küchen und essen Billigfleisch! Wo ist hier der Fehler? Wir haben nur einen Körper. Also ist es auch wichtig, was wir essen, welche Qualität und in welcher Zeit, ob mit Ruhe oder ob wir das Essen schnell hinunter „schlingen".

Wir kaufen teure Autos, für die Autos das beste Pflegemittel, den besten Treibstoff, aber was machen wir für uns? Wir hetzen durch das Leben, um diese (teils erträumten teuren) Gegenstände irgendwann einmal besitzen zu können, sind dann teilweise krank und können das dann sowieso nicht genießen. Bedenke also immer wieder: das Hamsterrad ist nur für Hamster und nicht für uns!

Bewertung und Abwertung

Bewerte nichts voreilig.
Denn: wer sagt, was richtig oder falsch ist?

Bewerte andere nicht voreilig, auch nicht dich selbst. Warum wertest du dich selbst ab?

Oft merkst du selbst nicht, wie schlecht und abwertend du über dich denkst, egal ob es äußere oder charakterliche Merkmale sind. Auch hier stammt vieles aus der Kindheit und Jugend (Prägungsphase). Du wurdest, unbewusst, nicht vollkommen anerkannt mit deinen Stärken und mit deinen Schwächen!

Also wer sagt, wie die Ohren zu sein haben? Wer beurteilt das überhaupt und muss diese Meinung richtig sein? **Nein!** Gerade mit diesen Ohren bin ich ein toller Mensch, na und, das sind meine Ohren! Danke, dass ich diese Ohren habe.

Wer sagt, dass du zu dünn bist, dass du zu dick bist, dass du zu alt bist? Wer? Hat jemand das Recht dazu (und das Wissen)?

Nein!

Sei dankbar für deinen Körper, der so viel für dich leistet!

Hinterfrage deine Gedanken. Geh in die Natur und betrachte einen Baum mal genauer. Auch wenn er noch so schief gewachsen ist, erfüllt er für uns viele gute und gesunde Aufgaben und zum Nutzen für uns. Jeder Mensch ist anders und, wie ein Baum, sind auch wir Menschen Natur!

In gute und schlechte Erfahrung einzuteilen ist jedoch schon eine Bewertung und wir sollten möglichst immer mehr von Bewertungen Abstand nehmen, denn wir bewerten uns selbst auch und meist sogar negativ (ohne dies zu merken). Was heute eine schlechte Erfahrung ist, kann morgen aber schon gut für uns sein. So kann eine schlechte Kindheitserfahrung uns heute helfen oder von Vorteil sein, manchmal sogar im Beruf.

In einer Sache selbst gibt es (fast) immer zwei Seiten. Es kommt auf den Blickwinkel an. Aus der Vogelperspektive würden wir es nochmals ganz anders bewerten oder unter Abwägung verschiedenster Aspekte und Geschichten, Sachverhalte etc. bekämen wir eine ganz andere Wertung. Also, vorsichtig umgehen mit Bewertung, auch von dir selbst.

Aber das Gemeine daran ist: man merkt es oft nicht, dass man sich selbst abwertet, da dies ganz tief in uns verankert ist (Prägung in der Kindheit: „du bist nicht gut genug, du bist zu laut, zu bockig, zu unangepasst" – wurde uns vermittelt, also „eingepflanzt"). Wir haben dies geglaubt und verinnerlicht und merken deshalb nicht, dass diese Abwertung heute fast automatisch geschieht.

Ein Moment als solches ist friedlich und neutral. Wir selbst sind neutral, nur machen wir es durch Bewertung kompliziert. Oder, sagen wir, alles ist relativ neutral. Auf einem Zahlenstrahl, welcher von unendlich negativ bis unendlich positiv reicht, ist es doch immer nur eine Momentaufnahme, denn im nächsten Moment kann es uns schon ganz anders gehen.

Wir sind keine Maschinen und selbst Maschinen sind fehler- und störanfällig und müssen auch gepflegt und gewartet werden. Jeder Mensch ist anders, es gibt keine völlig übereinstimmenden Zwillinge.

Die Natur (besonders ein Park und der Wald) gibt Kraft und Energie, beruhigt uns, gibt wertvolle Aerosole ab usw. Dort kannst du sein wie du bist, dort nörgelt keiner an dir herum.

Alltag und Dankbarkeit

Dankbar sein ist die Lösung, oder?

Allein nur dankbar zu sein, für das, was ich habe, hilft das weiter?

Ja, ich habe es ausprobiert. Ich hatte auch meine Zweifel, das kannst du mir glauben! Sogar richtige Wut hat das in mir ausgelöst, denn, wofür soll ich dankbar sein, wenn ich krank bin, dachte ich.
Aber ich merkte dann: Egal, in welchem Zustand ich war, ich musste zugeben, dass es **immer** etwas gab, was gut ist im jeweiligen Moment, auch wenn es mir gesundheitlich schlecht ging. Als ich erkrankungsbedingt nur im Bett liegen konnte, war ich dankbar dafür, im Frieden zu leben und überhaupt ein gemütliches Bett zu haben, denn das ist nicht selbstverständlich auf dieser Welt!

Das hat nichts mit positiver Denkweise zu tun, alles ist schön, rosarot und bla bla bla ...

Nein, es ist realistisch.

Aber, was, wenn ich krank bin und ich „kämpfe" mit der Krankenkasse um eine Reha oder Bezahlung von Medikamenten und fühle eine Ungerechtigkeit?
Was, wenn mir das Arbeitsamt oder Jobcenter einen für mich ungerechten Bescheid zugesandt hat?
Was, wenn mein Kollege mehr Gehalt bekommt für die gleiche Arbeit wie ich?

Und es gibt noch viele Fragen, die an diese Stelle passen. Diese Fragen kamen bei mir natürlich auch.

Ich empfinde Hilflosigkeit und Wut, weil ich nichts ändern kann.

Aber kann ich wirklich nichts ändern an meinem Zustand?

Kann man wirklich nichts ändern?

Na, auf jeden Fall die Denkweise, die Sichtweise, manchmal hilft dies, wenn auch nicht immer.

Ansatz für Dankbarkeit: Ich lebe in Frieden. Ich habe ein Dach über dem Kopf. Ich habe Nahrung, dass ich satt werde. Ich habe warmes und kaltes Wasser aus der Trinkwasserleitung. Ich habe ein gemütliches Bett, in welchem ich auch in meinem kranken Zustand ruhen kann. Dies sind Dinge, die auf der Welt nicht selbstverständlich für alle Menschen zu haben sind.

Und schon muss ich mir selbst eingestehen, dass es anderen noch viel schlechter geht als mir und ich Demut zeigen kann und Dankbarkeit. Ich räume damit zwar Ungerechtigkeiten nicht weg, aber ich räume ihnen keinen Platz im Denken ein und mir geht es emotional dann besser.

Aber, wenn es mir sehr schlecht geht gesundheitlich oder privat, dann kann ich natürlich an solche Dinge nicht denken, das ist klar. Ich hadere auch noch viel mit mir selbst.

Weiterhin denke ich, es gibt meist mindestens zwei Möglichkeiten. Aber auch diese sehe ich nicht immer sofort und in jeder Lebenslage.

Wenn man sich aber einmal in Ruhe umsieht oder nachdenkt, erkennt man, dass da doch mehr ist. Warum kommt aber diese Erkenntnis so spät in unser Denken, warum ist unser Gehirn so vermeintlich langsam und macht es uns selbst schwer damit, aus negativer Spirale herauszukommen? Diese Frage blieb für mich lange Zeit ein Rätsel. Unser Gehirn muss pro Sekunde tausende Impulse und Gedanken verarbeiten. Somit ist es kein Wunder, dass es seine Zeit braucht, um die für uns wichtige Frage zu klären oder ein Ergebnis zu liefern, neue Wege zu sehen, Möglichkeiten zu entdecken usw.

Außerdem ist unser Gehirn (Denken, Fühlen, Emotionen) durch die Ablenkung in Form von ständigen Neuigkeiten auf Smartphone, Tablet und TV usw. sehr stark ausgelastet. Wir bräuchten mehr Ruhe, was oft eine Lösung bringt. Und in der Ruhe spüren und nachdenken:

Was kann ich noch, was habe ich und brauche ich wirklich und was ist positiv an meinem Zustand.

Klar, wirst du sagen, das ist positives Denken und alles nur bla bla. Aber mir selbst hilft es nicht, in diesem Zustand zu verharren.

Nein, es macht mich nur trauriger, als die Situation schon ist. Ich muss ja mein Leben erträglich(er) machen, es will gelebt werden. Und da ist es doch einfacher, mir selbst nicht noch ein Bein zu stellen, sondern nach dem besseren Weg zu suchen. Auch aus Steinen, die in den Weg gelegt werden, kann man schönes bauen. Ja, aber, wenn es mir richtig schlecht geht, bekomme ich bei diesem Spruch Wut und ein sarkastisches Lachen maximal zustande, dann lass auch kurzes Jammern zu, es tut gut, nur kurz! Ein hoher Perfektionswille und immer kämpfen mit angezogener Handbremse, da geht jeder Motor kaputt (Vergleich mit einer Maschine, das wiederhole ich hier an dieser Stelle nicht). Dies alles resultiert auch aus zu wenig Selbstwertgefühl, das ist der Schlüssel, wie mir immer mehr klar wurde. So begann ich nach und nach zu ergründen, warum mein Selbstwertgefühl so gering ist.

Die Erkenntnis, dass ich mich bewerte und vor allem auch abwerte, erst einmal zu erkennen, und zu begreifen, allein das ist schon ein langer Weg. Aber erst dann, wenn man den Fakt kennt, kann man danach die Ursache ergründen und im Anschluss an der Beseitigung arbeiten. Das ist ein langer Weg. Aber er ist richtig und wichtig, um gesund zu bleiben oder zu werden.

Das wird beim Arzt meist nicht verstanden. Aber der Kostendruck lässt im Arztalltag oft nichts anderes zu. Das ist ein generelles Problem, dafür können die Ärzte in der Regel auch nichts. So habe ich nach anderen Möglichkeiten gesucht. Kann ich zum Beispiel Akupunktur als Patient nicht bezahlen, so habe ich mir die Technik der milderen Variante Akupressur durch Bücher aus der Bibliothek selbst angeeignet. Man muss immer selbst aktiv werden, solange man dies überhaupt kann aufgrund seiner Erkrankung oder Behinderung, wohl bemerkt!

Werde dir auch deshalb bewusst, wie wichtig deine Gesundheit ist. Sie ist die absolute Basis deines Lebens. Finanzieller Reichtum, materielles Denken, hilft hier nur teilweise weiter.

Lösungsansätze, wenn du wieder einmal mit dem Leben haderst: *„Warum hat mir das Leben keine Zeichen gesandt? Habe ich die Zeichen übersehen oder ignoriert? Welche? Warum?"* Dann nicht gleich wieder Schuldgefühle und Selbstabwertung! Nein, du warst nicht dumm und bist es auch nicht. *„Was machen erfolgreiche Leute anders?"* Sie haben auch ihre schlechten Momente! Werbung suggeriert nur Sonnenschein, auch das ist nicht immer so.

„Ich habe schon oft bewiesen, großartig zu sein, aber meine Leistungen wurden oft nicht honoriert von anderen, aber dennoch habe ich enorme Leistungen vollbracht, mit angezogener Handbremse" (so war es z. B. bei mir).

Wir müssen manchmal wieder wie ein Kind sein und wie ein Kind denken: völlig unvoreingenommen, ohne Vorurteile, ohne vorschnelle Abwertung, mit viel Liebe und vielleicht mit einer Prise Naivität (in unserem Inneren ist das Kind von damals ja sowieso vorhanden). Als Kind entwickelt man

Überlebensstrategien, eine Art Gegenwirkung, Rückzug ist manchmal die einzige Variante, bei mir war es das Lesen, so kam ich in andere Geschichten, in andere Welten und das tat gut, ich habe viele Bücher ausgeliehen.

Dennoch bin ich dankbar, einfach dankbar, auf dieser Welt zu sein. Ist das Leben ein Geschenk? Ich glaube ja. Es ist ein Geschenk. Wir wurden geboren. Dieses Geschenk zeigt sich im Laufe unseres Lebens von vielen verschiedenen Seiten, mal positiv mal negativ mal neutral.

Es liegt an uns, unserer Sichtweise, Gedankenwelt, aber nicht nur. Denn schlechtes kann man nicht allein durch gutes positives Denken gut werden lassen, aber es hilft dabei, das Leben würdiger zu betrachten.

Selbst dann, wenn es mir fast jede Woche mit einer Krise daherkommt, gesundheitliche Krise oder auch etwas anderes, es ist trotzdem interessant und abwechslungsreich (auch wenn ich mir manche Abwechslung gern ersparen würde).

Das Leben ist dennoch schön.

Auch in schwierigen Situationen, sozusagen aus der Not heraus, kann Gutes entstehen. Im Leben und speziell im Alltag geschehen immer wieder neue Wendungen, die wir so erst einmal nicht sehen und erahnen können. Alles verändert sich, und zwar ständig.

Manchmal ist Schein und Sein völlig unterschiedlich, der erste Blick auf eine Sache wird von einem zweiten Blick völlig anders wahrgenommen. Manches ist zunächst schön und wird dann fast unerträglich und einige Dinge erscheinen zuerst sehr negativ und später sind wir froh und dankbar, dass wir nicht gleich abgelehnt, aufgegeben, sondern eventuell hinterfragt haben. Mit dem (voreiligen) Bewerten aufzuhören, wäre schon ein guter Rat, aber, so einfach ist es doch nicht, denn wir müssen im Alltag oft auch schnelle Entscheidungen treffen.

Das Leben ist komplex, wir sind komplex. Wir sind doch immer zwischen Wollen und Müssen, zwischen Wünschen und Geschenken, zwischen Schein und Sein, und es ist nicht einfach, uns selbst zu verstehen, nicht im hektischen Alltag.

Aber, spätestens wenn erste Symptome kommen, sei es ein verspannter Nacken oder andere Schmerzen, eventuell auch eine Müdigkeitsphase oder gefühlte Sinnlosigkeit in deiner Arbeit (auch im privaten Bereich), musst du diese ernst nehmen, sonst verschlimmern sich die Symptome und dann bist du gezwungen, nachzudenken und zu spüren, was du verändern musst in deinem Leben. Das Leben ist ein Fluss.

Das Fließen des Flusses ist ein Naturgesetz. So, wie sich Tageszeiten und das Wetter ändern, so wechseln sich auch die Jahreszeiten, stetig und unaufhörlich, ob wir wollen oder nicht.

So ist auch unser Leben. Es ist ständige Veränderung. Einatmen und ausatmen, speisen und Hunger empfinden und wieder essen. Wir müssen uns anpassen, bei kaltem Wetter ziehen wir uns eine warme Jacke an, bei hochsommerlichen Temperaturen können wir in ein Freibad schwimmen gehen, um uns abzukühlen.

So kommen auch traurige und lustige Situationen in unser Leben und bestimmen unseren Alltag. Auch, wenn wir dies nicht wollen, uns nicht wünschen, passieren dennoch schöne und auch weniger schöne Dinge. Es hat (meist) zwei Seiten. Im Guten ist etwas nicht so Positives enthalten und umgekehrt auch.

Manchmal sind wir so sehr festgefahren auf unserem Weg, meinen wir. Dabei sind wir oft nur in Gedanken festgefahren und sehen die weiteren Möglichkeiten, die wir haben, nicht oder noch nicht. Den Weg, der uns herausbringen könnte aus der Misere, sehen wir nicht und glauben ganz fest, dass es ihn nicht gibt.

Wir reden uns ein, dass es ihn nicht gibt. Aber, wenn wir es wirklich einmal aus anderer Sichtweise ansehen oder beginnen, umzudenken (und ganz ehrlich zu uns selbst sind!), dann gibt es mindestens zwei Wege.
Der Mensch, und das Gehirn (also auch das Umdenken) ist bis ins hohe Alter änderbar. Wenn es uns durch das Umdenken besser gehen kann (ich habe es bei mir selbst so erlebt), warum

halten wir dann so lange an alten Denkmustern fest. Die Prägung aus Kindertagen hält sich hartnäckig in uns, da wir damals keine andere Wahl hatten, als unserem nahen Umfeld zu glauben, es war für uns überlebenswichtig, wir waren hilflos. Aber, als Erwachsene können wir jeden Tag neu entscheiden, wie und mit wem wir leben wollen, damit wir gesund bleiben oder werden. Komm zu (mehr) Ruhe, erlaube es, dir mehr Ruhe zu gönnen, und erlaube dir, so zu sein, wie du bist und sein möchtest. Sei wieder mehr ein bisschen wie ein Kind, unvoreingenommen, voller Liebe und Neugier.

Es tut dir gut und das wünsche ich dir von Herzen auch für die nahe und fernere Zukunft in deinem Leben, in deinem Alltag. Glaube an dich und gib dich nicht auf, auch, wenn es dir nicht so gut geht.

Auf den nächsten Seiten habe ich mein kleines Notprogramm aufgeschrieben, welches ich selbst immer versuche, anzuwenden.

Manchmal hilft es, je nachdem, in welchem Zustand man sich gerade befindet, aber man kann es zumindest einmal versuchen.

Mein Notprogramm
für Widrigkeiten aller Art im Alltag ...

Meist ist das Nervensystem überfordert oder überreizt. Deshalb können folgende Aktionen hilfreich sein, bei Ärger, Reizüberflutung durch schlechte Nachrichten, Angst, Traurigkeit, Schlaflosigkeit, Erschöpfung, Stress usw.:

Vergiss nicht, du bist wertvoll, sei es dir selbst und deiner Gesundheit wert und schaffe ein gutes Selbstwertgefühl, trainiere es, wie im Sport trainiert wird: immer Wiederholungen.

Kleine tägliche Übungen, wie zum Beispiel die so genannte „Chefpose", am besten jeden Morgen gemacht, helfen ganz gut, zumindest kurzfristig und bringen dich zum Lächeln (was ja schon ein guter Ansatz ist, denn Lachen ist gesund). Sie geht so: gerade hinsetzen, Kinn hoch (sei nicht hochnäsig, stammt aus der Kindheit und verhindert dies, stimmts?), dann dehne dich, recke und strecke dich, Hände hinter dem Kopf im Nacken falten.

Wichtig ist außerdem: **lächele** dich tagsüber immer wieder im Spiegel bewusst an, mach Grimassen, bis du echt lachen kannst (wenn dir nicht zum Lachen ist, fange sarkastisch an).

Mach es jeden Tag wie das Zähneputzen!! Es zeigt Wirkung, denn danach geht es dir meist besser.

Klar, nicht jeder Moment und nicht jeder Tag ist der Gleiche, aber versuche es.

Ich habe meine eigenen **Gedanken** hinterfragt und versucht, diese zu ersetzen, wenn ich gemerkt habe, dass diese Gedanken nicht richtig sein können und mich in eine gedankliche Abwärtsspirale, anstatt mich vorwärts zu bringen und mich aufzubauen. Unser Gehirn ist dadurch auch abgelenkt, es sucht selbst auch nach Lösungen.

Zunächst tief ein- und ausatmen. Mehrmals. Klingt so einfach, ist aber so sehr wichtig. Gerade weil es so simpel ist, machen wir es (absichtlich) oft nicht. Tut aber wirklich gut. Dabei beruhigt sich Nervensystem und es fließt wieder Energie und gibt Kraft. Durchblutung wird besser, Organversorgung dadurch auch besser.

Dann, **Ruhe bewahren, und mich**, wenn nötig, **liebevoll zur Ruhe zwingen**, meinen Geist (und inneren Kritiker) ganz bewusst mal auffordern, jetzt endlich still zu sein (vor allem bei Schlafstörung und wenn Grübeln stark ist).

Überlegen, was jetzt momentan die beste Wirkung erzielt: Körper und/oder Geist und/oder Seele.
Der Körper lügt nie, heißt es, also die **Körperreaktionen erspüren und nutzen**, um zu wissen, was uns fehlt, wie es uns

im Moment geht (Beispiel: Hunger, das kennen wir alle, zeigt sich durch Magenknurren, aber nicht nur). Warum spüren wir nicht öfter in uns, um zu erfahren, was uns fehlen könnte?

„Hand aufs Herz" sagt man so, aber es ist wirklich wirksam: **also die Hand auf das Herz legen.** So ist man gleich viel ehrlicher, auch zu sich selbst.

Durch die Beruhigung des Nervensystems erhalten wir außerdem wieder den klaren Kopf (Verstand – Geist). Das ist hilfreich auch in Krisensituationen, wenn eine vermeintlich schlechte Nachricht eine weitere ablöst. Achtung: Bewertung, ob es eine schlechte oder auch positive Dinge enthaltene Nachricht ist, bestimmt auch unsere Denkweise, die überprüft werden sollte!

Der Körper beruhigt die Seele und umgekehrt, die Seele beruhigt den Körper. Beide Wege muss man beachten.

Sehr gut ist etwas **Bewegung und die Natur,** vor allem an frischer Luft oder, wenn man krank ist und nicht hinaus kann, bei geöffnetem Fenster Bäume oder das Grün beobachten, sehen, wie die Wolken ziehen etc. Das ist sehr hilfreich und muntert auf. Manche starten lieber eine Joggingrunde oder andere sportliche Betätigung.

Die Natur ist aber generell heilsam, für Körper und Geist und Seele. Wir sind auch Natur.

In der Natur bewertet uns niemand, dem Baum ist es egal, wie wir aussehen und ob wir eine schiefe Nase und große Ohren haben (wer sagt überhaupt, was zu schief und zu groß ist?).

Das tut unserer Seele gut und besonders im Wald oder im Park schaffen die Inhaltsstoffe der Luft für unseren Körper einen Zugewinn.

Aufrecht sitzen oder gehen

Denn dadurch erhält der Geist die Mitteilung, dass es uns gut geht und dadurch werden die inneren Organe nicht gedrückt, sondern besser durchblutet und wir fühlen uns wohler. Es entsteht dadurch zum Beispiel nicht so schnell Bauchweh.

Lachen, zunächst Grimassen

Beim Lachen ist die Atmung besser. Wenn uns nicht zum Lachen ist, dann einfach mit Grimassen beginnen (oder ein sarkastisches Lachen), das Lachen kommt dann fast automatisch.

Welche der aufgeführten Möglichkeiten du wählen möchtest, kannst du dir überlegen. Ich habe sie in vielen Situationen als hilfreich erlebt.

Und nicht vergessen:

Die Natur ist wie sie ist, nicht perfekt und das ist gut so.

Wir Menschen sind auch Natur und keine Maschinen. Maschinen müssen auch gewartet und gepflegt und manchmal umprogrammiert werden.

Das „Umprogrammieren", zum guten Nutzen für alle Menschen und für uns selbst, können wir wiederum auch gern bei uns anwenden in Form von Über- und Umdenken so mancher Alltagssituation.

Dazu braucht man etwas Ruhe, gönne dir diese Ruhe täglich, auch wenn es nur einige Minuten sind, sei es dir wert. Dir und deiner Gesundheit. Und hinterfrage in diesen Minuten, lausche in dich hinein, und mit der Zeit bekommst du dann die Antworten, ganz von deinem Inneren – was wirklich wichtig ist für dich im Leben, für deine Gesundheit und dein Wohlergehen, liebevoll ohne Egoismus, wird dir dein inneres Kind antworten ... (das ist keine Zauberei!).

Dein inneres Kind ist immer noch in dir – logisch – denn wo soll es sonst sein nach all den Jahren? Das innere Kind will Freude und Liebe, so wie damals, als du klein warst. Und willst du das heute, als Erwachsener, nicht auch – Liebe und Freude?

Gib sie dir als Erstes, dann geben sie dir auch andere Menschen bzw. du musst nicht mehr um Freude und Liebe betteln, um sie von anderen zu bekommen. So bist du auch niemals allein und einsam. Das ist eine Trainingsaufgabe, denn es klappt vielleicht nicht sofort, aber mit der Zeit wirst auch du bemerken, dass das Leben dir damit leichter fällt und du (wieder) an deine Stärke glaubst.

Und spüre einmal: Du bist neutral, der Moment ist neutral – nur durch unsere (voreilige) Bewertung machen wir es kompliziert.

Zum guten Schluss:

Etwas Neues auszuprobieren, erfordert Mut, aber mach es, du kannst es einfach probieren. „Nein, das kann ich sowieso nicht, Nein", viele Gründe zeigt dein innerer Kritiker (der wohl noch aus der Kindheit stammt, oder?). Ich habe auch gehadert mit diesem Buch, „das liest sowieso keiner, das ist viel zu teuer in der Herstellung, das…." und so weiter, aber ich habe es dann doch probiert. Ich habe es gemacht.

Hätte ich weiter meinen eigenen Gedanken geglaubt, wie z. B. „ach, ich kann doch sowieso kein Buch schreiben", „es ist viel zu teuer", „wer liest das schon, keiner", wäre dieses Buch nie entstanden. Ich kann dir nur sagen, mach einfach. Mach das, was du am liebsten einmal machen möchtest (natürlich niemandem schaden damit!), und beginne es. Nicht erst auf irgendwas warten, wie manche auf das Geld oder das Rentenalter warten: „dann mach ich das". **Mach es jetzt, probiere es!** Nun aber los! Und höre nicht auf das, was andere dir raten.

Ich gebe hier in diesem Buch nur meine Erfahrungen weiter aus meinem Leben („Ü50, wo sind nur die Jahre hin…", aber dies ist kein Grund, zu verzweifeln). Es gibt immer zwei Seiten, meistens zumindest.

Das vorliegende Buch muss auch mit einem Augenzwinkern versehen sein, denn das Leben ist nur mit einer Portion Humor zu genießen, finde ich.

Ich hatte bereits selbst einige Krisen zu bewältigen, Angehörige zu betreuen und zu pflegen, Burnout und weitere Erkrankungen.

Mein Motto ist: „Nach Regen kommt Sonne, wobei auch der Regen schön sein kann, und (fast) alles im Leben hat zwei Seiten, alles ist relativ". Aber das klingt in der Theorie alles leichter, als es im wahren Leben oft ist. **Es gibt meist mehrere Wege zur Lösung eines Problems, aber manchmal sehen wir nicht einmal den einen Weg zum Weitergehen.**

Fühle in dich hinein, was sich wirklich gut anfühlt. Versuche es, denn manchmal spürt man es auch nicht gleich. Versuche zur Ruhe zu kommen, der Alltag ist voll von Ängsten und Sorgen und Ablenkungen.

Ich hoffe und wünsche es dir von ganzem Herzen, dass du immer deinen guten Weg findest.

Alles Gute für dich und denke daran, du bist nicht allein, es geht vielen wie dir.

Du bist gut, und zwar so, wie du jetzt bist.

Ich hoffe und wünsche dir von ganzem Herzen, dass du immer deinen guten Weg findest, gern auch mit mir und meiner Hilfe - also **Pausenwege**(n):

Wir brauchen mehr Pausenwege in unserem Alltag!

Wenn du magst, dann besuche mich gern auf meiner **Internetseite: www.pausenwege.de.**

Gern kannst du mich auch auf YouTube hören, lesen und sehen (Podcasts und Videos mit Beschriftung/Untertiteln/Mantras, somit also auch für seh- und hörbeeinträchtigte Menschen geeignet): Mein YouTube-Kanal heißt **Pausenwege**

Und gern zu hören ist mein **Podcast** bei Spotify:
Spannung Schmerz Migräne Fibromyalgie - einfach die Worte **Spannung Schmerz** eingeben und dann findest du meinen Podcast bei Spotify eigentlich schnell.

Platz für Notizen und Wünsche und Träume ...

Platz für Notizen und Wünsche und Träume ...